特別支援教育サポートBOOKS

指導計画が立てられる！

特別支援学級をはじめて担任する先生のための
国語 算数 授業づくり

菅原 眞弓・廣瀬 由美子 編著

明治図書

本書を手にした知的障害／自閉症・情緒障害
特別支援学級を担当される先生方へ

「障害者の権利に関する条約（障害者権利条約）」という名称を聞いたことがありますか？
「インクルーシブ教育システム」という用語をご存じですか？
「合理的配慮」や「基礎的環境整備」はいかがですか？

　まだまだ耳慣れない用語ですが，特別支援教育を推進していく上では非常に重要なキーワードになります。そして，この本を手に取られた先生は，特別支援学級の担当者として，まさに特別支援教育を進めている立場だと思います。
　したがって，本書では，上記の内容を簡単に説明しながら，それ以上に先生方が関心の高い教科指導の在り方や授業づくりについて，教育課程の編成を含めた先進的で具体的な実践例を紹介していきたいと考えています。

「障害者の権利に関する条約」

　国連において，あらゆる障害者の尊厳や権利を保障するための条約が，「障害者の権利に関する条約」（以下は障害者権利条約）として，平成18年12月に採択されました。我が国は，平成19年9月28日に署名（国内の法令を整備した後に，条約を批准し実行していくと約束することを意味）し，現在は既に批准（条約として効力を発揮）をしています。
　署名から批准まで，内閣府を中核にして，各省庁で障害児者に関連する法令等を見直していきました。その基盤となる法令は障害者基本法であり，既に平成23年8月に改正されています。
　教育分野では，平成22年7月に中央教育審議会初等中等教育分科会において「特別支援教育の在り方に関する特別委員会」が設置されました。
　この特別委員会では，障害者権利条約に記されているインクルーシブ教育システム（包容する教育制度）の理念を踏まえ，その実際を構築するために，様々な側面から教育制度について検討することを目的としていました。その結果，平成24年7月23日に公表された報告が，『共生社会の形成に向けたインクルーシブ教育システム構築のための特別支援教育の推進（報告）』というものです。
　この報告書名で明らかなように，今後の教育分野においては，「共生社会の形成」，「インクルーシブ教育システム」，「特別支援教育の推進」といった用語は重要なキーワードになります。
　そもそも，特殊教育から特別支援教育へと大きく転換した背景には，平成15年3月に公表された『今後の特別支援教育の在り方について（最終報告）』や，平成17年12月にまとめられた『特別支援教育を推進するための制度の在り方について（答申）』などの重要な提言があったからです。

通常の学級に在籍する児童生徒の中に，LD等の発達障害の状態像を示す子どもたちが存在していたことや，彼らを含めた障害のある児童生徒に対し，適切な指導や支援を行うための教育制度の見直しなどが，平成18年の学校教育法などの改正につながりました。

　現在，特別支援教育の流れは障害者権利条約の批准などを通して，さらに加速的な勢いで変容し，さらなる実践を蓄積しながら，通常の学級における授業改善にもつながっています。

　そして，あらためて障害のある子どもと障害のない子どもが共に学ぶ教育を考えたとき，その教育を行う場の整備や内容の充実が求められます。つまり，特別支援教育の理念にもつながる「障害のある子ども一人一人の教育的ニーズに対応する教育の場と内容」であり，障害のある子どもを包み込む教育を行うことは，通常教育のブラッシュアップはもちろんのこと，特別支援学級における特別な指導のブラッシュアップも含まれていることを肝に銘ずる必要があります。

　また，インクルーシブ教育システムとは，障害のある子どもを包み込むための教育制度を構築していくことですから，そのような教育制度をより充実させるためには，通常の学級はもちろんのこと，特別支援学級に在籍する障害のある子どもへの指導内容，一人一人に行う障害特性等に応じた具体的な配慮（合理的配慮）に関しても，日々の授業づくりの実践で模索が進められています。

特別支援学級の実情

　さて，ここで本書に直結します特別支援学級について少し言及をしたいと思います。

　文部科学省特別支援教育資料（平成26年度）では，平成26年5月1日の段階で，全国の特別支援学級は小学校で35,570学級，中学校では16,482学級，総計52,052学級となっています。全ての特別支援学級に在籍している児童生徒数は約18万7千人ですから，義務教育段階での全児童生徒数1,019万人の1.8%となります。この割合は，全ての特別支援学校に在籍している児童生徒数（約6万9千人）の0.7%を大きく上回る数字となっています。

　次に，特別支援学級の内訳を見ていきますと，知的障害特別支援学級が24,640学級，次いで自閉症・情緒障害特別支援学級が21,106学級，両者を合わせると全特別支援学級（52,052学級）の約90%を占めている状況になっています。

　また，知的障害特別支援学級に比べますと歴史の浅い自閉症・情緒障害特別支援学級ですが，上記資料の結果では，設置数が知的障害特別支援学級数より多くなっている道府県も出てきています。

　このような状況下で，特別支援学級担当の先生方の専門性を測るメジャーの一つとして，特別支援学校教諭等免許保有率を確認しますと，毎年30%程度を維持する現状です。特別支援学校の先生方の平均免許保有率（約70%）と比較しますと，非常に大きな差となっています。この結果は，ある意味致し方ないことであって，免許状制度では，特別支援学級の担当者や通級

による指導の担当者は，特別支援学校教諭免許状が必要であると法令上は規定されていないからです。つまり，小・中学校教諭免許状があれば特別支援学級を担当することも可能だということなのです。

　しかし，そうは言っても突然担任として指名され，学校で孤軍奮闘をしている先生方にとって，障害のある子どもたち一人一人に適切な指導を行うには，特別支援学級における教育課程の編成に関する知識や経験，さらには担当者として子どもたちに対する教科指導への思いや願い，授業を通して行う障害のある子どもたちへの様々な工夫や配慮などが必要となります。

　以上，上記のことを行うためには，特別支援教育への造詣が深い，そして特別支援学級で質の高い授業を実施している先輩方の実践が，非常に重要なモデルになると思われます。

　そこで，本書では，先の障害者権利条約で求められています合理的配慮等を踏まえつつ，合わせると約90％の学級設置数になる知的障害特別支援学級と自閉症・情緒障害特別支援学級を対象に，特に国語科と算数科の教科指導について焦点を絞り，在籍する子どもの実態や指導方針，年間指導計画や単元計画などの具体的な実践例を紹介していきます。

　モデルとなる特別支援学級での教科指導の実際を模倣することからでも結構です。そのことが，担当経験の浅い特別支援学級の先生方の一助となることを切に願っています。

編著者　廣瀬由美子

もくじ

本書を手にした知的障害／自閉症・情緒障害
特別支援学級を担当される先生方へ……………………………………………… 3

第1章 特別支援学級における教育課程の編成 … 8

1 教育課程編成のために押さえておきたい基礎・基本 ……………………… 8
2 知的障害特別支援学級の教育課程の編成 ………………………………… 13
3 自閉症・情緒障害特別支援学級の教育課程の編成 ……………………… 25

第2章 特別支援学級〈国語・算数〉授業づくりの流れ … 36

第3章 特別支援学級〈国語・算数〉授業づくりのモデルケース … 47

1 知的障害・国語
　説明文 「だれが，たべたのでしょう」（教育出版1年上）………… 48

2 知的障害・国語
　物語文 「お手がみ」（教育出版1年下）………………………………… 54

3 知的障害・国語
　作文 「「ありがとう」をつたえよう」（東京書籍2年）………… 60

| 4 | 知的障害・算数 **数と計算**「かけ算⑴」（東京書籍２年下） | 66 |

| 5 | 知的障害・算数 **数と計算**「いくつといくつ」（学校図書１年） | 72 |

| 6 | 知的障害・算数 **数と計算**「かけ算⑴⑵」（東京書籍２年下） | 78 |

| 7 | 自閉症・情緒障害・国語 **物語文**「おむすびころりん」（光村図書１年上） | 84 |

| 8 | 自閉症・情緒障害・国語 **説明文**「いろいろなふね」（東京書籍１年下） | 90 |

| 9 | 自閉症・情緒障害・算数 **図　形**「図形の合同と角」（学校図書５年） | 96 |

| 10 | 自閉症・情緒障害・算数 **数と計算**「速さ」（大日本図書６年） | 102 |

あとがきにかえて
「特別支援学級で教科指導することの大切さ」 108

参考文献 46

コラム

①特別支援学級と特別支援学校のいい連携づくり 42
②専門家とのいい連携づくり 44

第1章 特別支援学級における教育課程の編成

1 教育課程編成のために押さえておきたい基礎・基本

● 特別支援学級の教育課程編成に係る法令等

　小中学校では，障害のある児童生徒の実態やニーズに対応する特別な指導の場がある。それが特別支援学級であり，制度上では7障害種の対応が可能である。具体的には，弱視特別支援学級，難聴特別支援学級，知的障害特別支援学級，肢体不自由特別支援学級，病弱・身体虚弱特別支援学級，言語障害特別支援学級，そして自閉症・情緒障害特別支援学級である。

　これら特別支援学級では，学校教育法施行規則第138条により，特別の教育課程の編成に関して以下のように規定されている。

> 　小学校若しくは中学校又は中等教育学校の前期課程における特別支援学級に係る教育課程については，特に必要がある場合は，第50条第1項，第51条及び第52条の規定並びに第72条から第74条までの規定にかかわらず，特別の教育課程によることができる。

　上記規定の意味することは，小中学校等において設置されている特別支援学級では，その教育課程の編成において，①第50条第1項（小学校の教育課程の編成），第51条（小学校の授業時数），第52条（小学校の教育課程の編成基準）の規定にかかわらず，②第72条（中学校の教育課程の編成），第73条（中学校の授業時数），第74条（中学校の教育課程の編成基準）の規定にかかわらず，③特別の教育課程の編成をすることができるということである。

　さらに学校教育法施行規則第139条では，特別支援学級における教科用図書にも言及されている。

> 　前条の規定により特別の教育課程による特別支援学級においては，文部科学大臣の検定を経た教科用図書を使用することが適当でない場合には，当該特別支援学級を置く学校の設置者の定めるところにより，他の適切な教科用図書を使用することができる。

つまり，特別支援学級に在籍する児童生徒を指導するにあたり，彼らの障害特性を踏まえると特別の教育課程の編成が必要であり，教科用図書においても，児童生徒の実態に応じた教科用図書（知的障害特別支援学校で使用する教科用図書等）の使用が可能だということである。

また，小学校学習指導要領解説総則編（中学校も同様）においても，「その他の教育課程編成の特例」（p36～37）において，特別支援学級では以下のような記述がなされている。

> 特別の教育課程を編成するとしても，学校教育法に定める小学校の目的及び目標を達成するものでなければならないことは言うまでもない。なお，特別支援学級において特別の教育課程を編成する場合には，学級の実態や児童の障害の程度等を考慮の上，特別支援学校小学部・中学部学習指導要領を参考とし，例えば，障害による学習上又は生活上の困難の改善・克服を目的とした指導領域である「自立活動」を取り入れたり，各教科の目標・内容を下学年の教科の目標・内容に替えたり，各教科を，知的障害者である児童に対する教育を行う特別支援学校の各教科に替えたりするなどして，実情に合った教育課程を編成する必要がある。

特別支援学級における特別の教育課程の編成では，小中学校の学習指導要領を踏まえつつ，学級の児童生徒の障害の程度等を考慮した上で，特別支援学校小学部・中学部の学習指導要領を参考にすることができるのである。

特別支援学校学習指導要領を参考にするということは，①自立活動の指導領域を取り入れることができる，②各教科の目標や内容を下学年の目標と内容に変更できる，③知的障害特別支援学校の各教科の目標や内容に変更できる，④障害特性を鑑みて内容の一部を取り扱わなくてもよいなどの４点である。

＊④は誤解を招く恐れがあるので，あえて言及しておくが，例えば，視覚障害である児童生徒の場合は，視力等により小中学校において実施する図画工作や美術の絵画鑑賞が困難な場合がある。そのような場合は，絵画鑑賞の内容を取り扱わなくてもよいという意味である。

さらに，小中学校学習指導要領解説総則編では，複式学級における教育課程の編成の特例についても記述がある。特別支援学級は異学年の児童生徒で構成されていることが多いことから，複式学級での教育課程編成の特例も参考になると思われる。以下は，小学校学習指導要領解説総則編（p35）の記述内容である。

> 学校において２以上の学年の児童で編制する学級について特に必要がある場合に，各教科，道徳，外国語活動及び特別活動の目標の達成に支障のない範囲内で，各教科，道徳，外国語活動及び特別活動の目標及び内容について学年別の順序によらないことができる。

知的障害特別支援学級及び自閉症・情緒障害特別支援学級の教育課程の編成

　知的障害特別支援学級においては，知的障害特別支援学校の教育課程を参考にすることができる。知的障害のある児童生徒の学習上の特徴として，①学習で得た知識や技能は断片的になりやすく，実際の生活で応用されにくい，②成功経験が少ないため，主体的に活動に取り組む意欲が育ちにくい，③実際的な生活経験が不足しがちである。そのため，生活に役立つ実際的で具体的な指導内容を重視することが重要であり，知的障害特別支援学校の教育課程編成の大きな特徴としては，領域・教科を合わせた指導が可能であるということである。

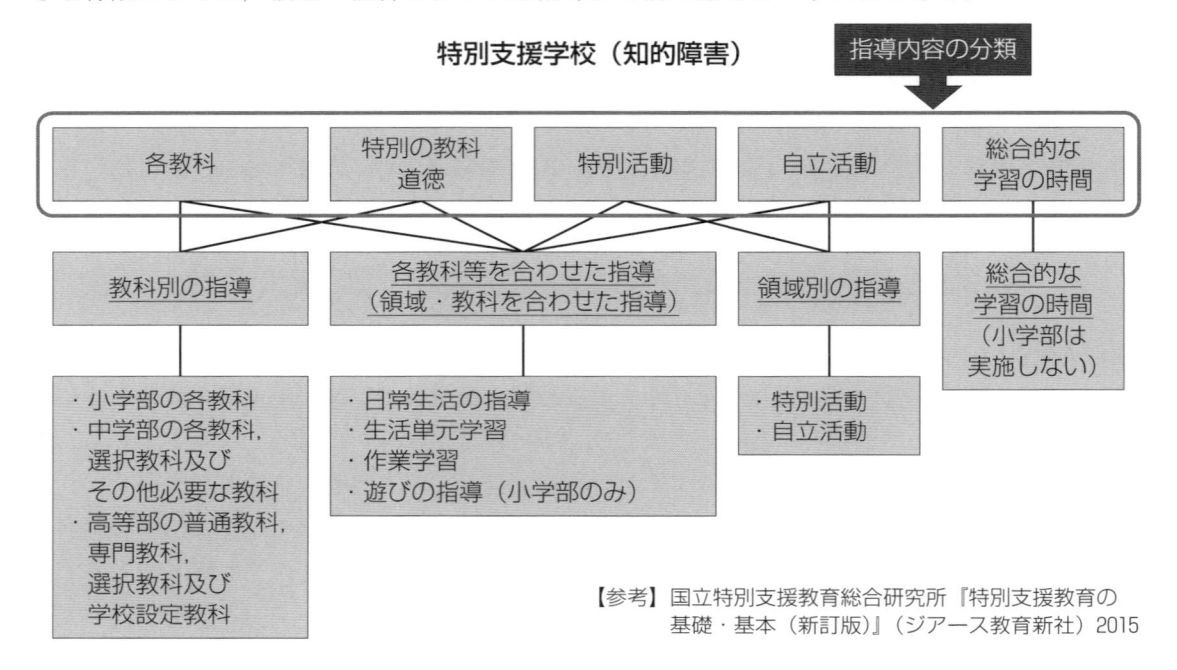

特別支援学校（知的障害）

指導内容の分類

| 各教科 | 特別の教科 道徳 | 特別活動 | 自立活動 | 総合的な学習の時間 |

| 教科別の指導 | 各教科等を合わせた指導（領域・教科を合わせた指導） | 領域別の指導 | 総合的な学習の時間（小学部は実施しない） |

- 教科別の指導
  - 小学部の各教科
  - 中学部の各教科，選択教科及びその他必要な教科
  - 高等部の普通教科，専門教科，選択教科及び学校設定教科

- 各教科等を合わせた指導
  - 日常生活の指導
  - 生活単元学習
  - 作業学習
  - 遊びの指導（小学部のみ）

- 領域別の指導
  - 特別活動
  - 自立活動

【参考】国立特別支援教育総合研究所『特別支援教育の基礎・基本（新訂版）』（ジアース教育新社）2015

　上の図は，知的障害特別支援学校における教育課程の構造である。これにあるように，各教科等を合わせた指導（領域・教科を合わせた指導）の具体としては，「日常生活の指導」「生活単元学習」「作業学習」「遊びの指導（小学部のみ）」がある。

　また，本書で取り扱う教科別の指導においては，その内容は段階別（学年別ではない）に示されていて，小学部では３段階の取り扱いになっている。

　ちなみに，小学部国語科の指導目標は，「日常生活に必要な国語を理解し，伝え合う力を養うとともに，それらを表現する能力と態度を育てる」となっている。同様に，小学部算数科の指導目標は，「具体的な操作などの活動を通して，数量や図形などに関する初歩的なことを理解し，それらを扱う能力と態度を育てる」である。

　一方，知的発達の遅れはないものの，学校生活の適応に課題が大きい自閉症の児童生徒の場合は，自閉症・情緒障害特別支援学級の在籍者として指導することが可能であり，国語科や算

数科・数学科においても当該学年の学習内容を指導するケースがある。

知的障害特別支援学級/自閉症・情緒障害特別支援学級における教育課程編成の提案

〈知的障害特別支援学級〉
・特別の教育課程は**概ね学級として編成が可能**である。
　→学年は異なっても，知的障害の程度や適応状態が同程度であるため。
・交流学級と特別支援学級での指導については，特別支援学級の時間割作成を優先にした方がよい。

〈自閉症・情緒障害特別支援学級〉
・高機能自閉症等～知的障害のある自閉症の児童生徒が混在している。
　→高機能自閉症の指導内容と知的障害のある自閉症の指導内容は違う。
　→**学級として教育課程の編成ができにくいため，学年や状態のグループ化が必要である。**

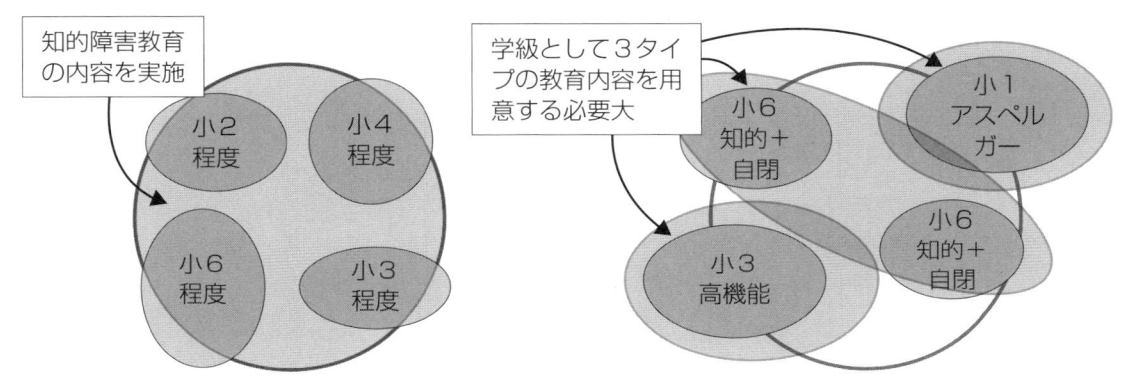

[知的障害教育の内容を実施] → 小2程度／小4程度／小6程度／小3程度

[学級として3タイプの教育内容を用意する必要大] → 小6 知的＋自閉／小1 アスペルガー／小3 高機能／小6 知的＋自閉

　また，自閉症・情緒障害特別支援学級における教育課程の編成では，知的障害のない自閉症の児童生徒を想定すると，知的障害特別支援学校の学習指導要領を参考にすることは難しいため，通常の教育内容を基本にしながら，イメージ的には，通級による指導の自立活動と教科の補充指導を行う感じであろう。どちらにしても，自閉症・情緒障害特別支援学級として決定されている，あるいはスタンダードな教育課程の編成はないと考えておく必要がある。

　上図は，知的障害特別支援学級と自閉症・情緒障害特別支援学級の教育課程の編成における課題を整理し提案したものである。特別支援学級は，異学年が混在していることは前述したが，そもそも教育課程は学校，あるいは学年，学級として編成すべきものであり，児童生徒一人一人に編成するものではない。そのことを踏まえた上で述べるが，知的障害特別支援学級では，知的障害特別支援学校の教育課程の規定を取り入れた場合には，同一教育課程においても個々の児童生徒に応じた指導内容等が設定できる。そのため，学年あるいは知的障害の程度や適応状態が異なっていても，概ね学級として教育課程の編成が可能である。

　一方，自閉症・情緒障害特別支援学級では，知的障害のある自閉症の児童生徒と，知的障害のない自閉症の児童生徒が混在している学級が大半である。そのため，高機能自閉症等の児童生徒においては，知的障害教育の内容を取り入れることはできないため，学級としての教育課程を編成するというより，学年あるいは知的障害の有無によるグループでの教育課程を編成する必要がある。図では，4人の児童の在籍を例示しているが，小6の2名は同じグループとし

て教育課程を編成し，小1と小3の知的障害のない自閉症の児童に関しては，結果的ではあるが個別に近い教育課程の編成にならざるを得ない。

　以上，知的障害特別支援学級及び自閉症・情緒障害特別支援学級を中心にして，特別支援学級における教育課程の編成について概説した。

　最後に，自閉症・情緒障害特別支援学級における教育課程の編成の在り方や，教科指導に関して具体的な知見が十分に蓄積されている状況ではないことを断りつつ，本書を執筆した専門性の高い先生方の実践例は大いに参考になると考える。

※なお，本書は小学校における知的障害特別支援学級ならびに自閉症・情緒障害特別支援学級での国語科・算数科の指導の在り方をまとめた書籍である。しかし，特別支援学級の教育課程編成に関する内容では，必要な箇所であえて「小中学校」あるいは「児童生徒」という文言を使っていることを述べておく。

（廣瀬由美子）

2 知的障害特別支援学級の教育課程の編成

児童の発達及び学習上の特徴と基本的な指導の在り方

　知的障害特別支援学級で学んでいる児童は，一人一人の発達段階や障害の状況も様々で，個人差の幅も大きい。しかし，学習をする上では，共通していくつかの特徴が見られる。例えば，言語だけの指示や説明，抽象的なイメージは理解することが難しいが，具体的，実際的な事柄は比較的理解しやすい。また，紙面上の文字情報から内容を理解することは難しいが，視覚的な情報や体験学習を通して理解できる場合も多い。

　知的障害のある児童の苦手な面には個に応じた配慮を行い，得意な学び方は積極的に活用して，児童が主体的に学ぶことができるように学習計画を立てていきたい。

● **緩やかな発達だが，発達の道筋は同じ**

　知的障害のある児童の発達は，障害のない児童に比べてとても緩やかである。障害が重い場合はさらにゆっくり発達していく。また，発達はゆっくりでも，発達の道筋は障害のない子どもと同じ過程をたどっていく。

　【基本的な指導】一つ一つの発達段階において多様な課題を設定し，児童の実態に応じて丁寧に指導していきたい。障害のない子どもの乳幼児～学童期～青年期までの発達の過程を理解しておくことが大切である。

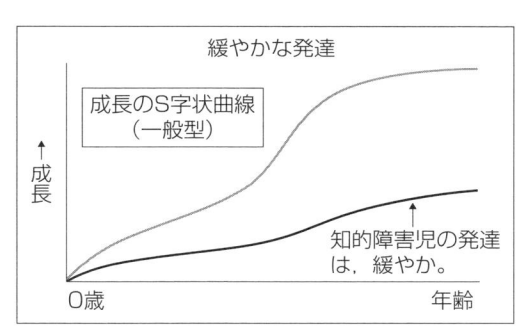

【参考】スキャモンの発達曲線。「シグモイド曲線」とも言われる

● **発達の全体的な遅れ**

　また，発達には言語，数，運動など様々な領域がある。知的障害のある児童は，個人の中で多少の得意，不得意のアンバランスはあるが，発達全体に遅れが見られる。

　【基本的な指導】知的障害は，発達段階に応じて軽度，中度，重度に分けられている。各段階の発達課題としては，軽度の児童には，工夫や努力等の価値を指導していく。中度の児童には，達成感を十分に味わわせて自信を高めていく。重度の

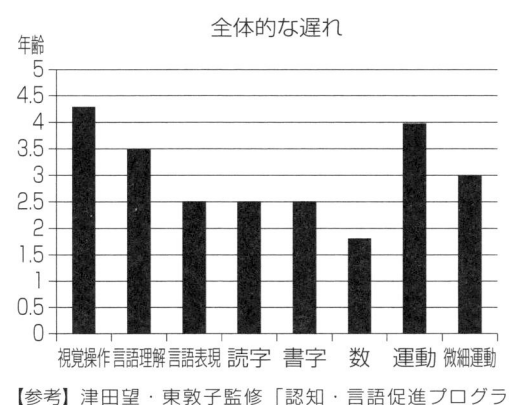

【参考】津田望・東敦子監修「認知・言語促進プログラム」（略称 NC―プログラム）（コレール社）

児童には，教師との信頼関係を育みながら，安心感の中で教師と一緒に課題を達成していく。授業づくりの過程では，一人一人の児童の発達段階に応じた課題を設定していくことが大切である。

● 学習の定着には，小さな変化を取り入れた繰り返しの学習が必要

実際の学習でもいくつかの学び方の特徴を挙げることができる。例えば，障害のない児童は，1つの学習段階をある程度の時間学習すると次の段階に進むことができるが，知的障害のある児童は学習上の様々な困難を抱えているために，通常の学級の指導計画をそのまま活用しても同じように学習を進めていくことは難しい。具体的には，学習内容を理解したり，覚えたりすることに時間が必要であること，今までの知識や経験に関連づけて考えることが難しいために，新しいことや変化があることを学習していくことは難しい。

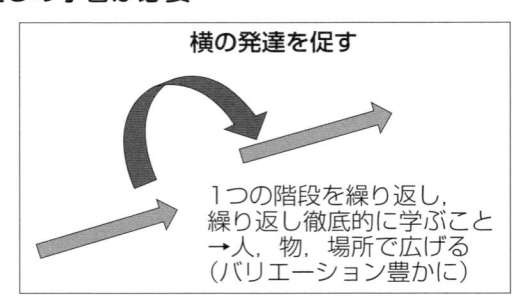

横の発達を促す
1つの階段を繰り返し，繰り返し徹底的に学ぶこと
→人，物，場所で広げる
（バリエーション豊かに）

【参考】びわこ学園，1966，田中昌人論稿「横（横軸）の発達」

【基本的な指導】知的障害のある児童は，1つの学習段階を繰り返し，いろいろな方法で指導していく必要がある。通常の学級における低学年，中学年，高学年を縦の発達と考えると，知的障害のある児童には，同じ学習段階で人，物，場所等に変化をつけて課題にバリエーションを広げた横の発達を促すための指導の工夫を考えたい。なぜなら同じ課題でも指導する教師や教室が代わっただけで抵抗感を感じたり，学校でできた課題も家庭ではできなかったりする場合があるからである。生活に生きる学力を育むためにも，変化への対応も1つの課題と考え，学びの経験を豊かにしていきたい。

また，次の学習段階に進む場合は，到達可能なスモールステップの課題設定を行い，意欲を高めていく。その際，パターン化した繰り返しの学習が有効だが，子どもの反応や変容を見逃さずに課題や支援を修正していく。一人一人の学習進度やつまずきに合わせて指導していきたい。

● 言語だけの課題，抽象的な課題は難しい

さらに，簡単な日常会話なら何とか理解できる児童もいるが，全体的には言語だけの説明を理解したり言葉で伝えたりする学習活動に取り組むことは難しい。また仮定の話やイメージを伴う話，言葉や文の意味を理解していくことが難しい児童もいる。

【基本的な指導】身振りや絵，写真，具体物等

言語活動だけの学習活動は難しい

の視覚的な補助手段を併用して伝えたり，理解したりできるように指導していく。また，体験活動を取り入れたり，実際に具体物を操作したりして理解できるように指導していきたい。

● 初めてのことや変化することは苦手

　また，今までの経験や知識を関連づけて考えること，見通しをもって活動すること，その場の状況を理解すること等が苦手である。そのために，初めての人や場所，初めての課題に向き合った際に，理解ができずに不安感を抱くことも多いようである。

　【基本的な指導】そこで，新しい単元に入る前やいつもと違う内容が入る場合には，できるだけ事前に予告しておく。校外学習等で初めての場所に行く前には，事前学習の中でビデオを見せて丁寧に指導して見通しをもたせたい。児童によっては家庭の協力を得て，下見が必要な場合もある。慣れない学習活動を行う場合には，リハーサルをしておくことも有効である。

● 学習経験や生活経験が少ない

　以上のように，特別支援学級で学ぶ児童は，発達上，学習上の様々な困難を抱えているために，多様な学習課題を経験することが難しい。また，生活の範囲が限られてしまい，遊びの経験，自然や人との触れ合い等の生活経験も少ない傾向が見られる。

　従って，学習や生活の経験が少ないことにより，学習上の知識を実感を伴って理解することが難しい，見通しをもちながら自信をもって学習することが難しいというような姿が見られる。

　【基本的な指導】授業の中で多様な経験ができるように学習活動を工夫していくこと，主体的に学ぶための教材作成や支援の在り方について工夫し，児童が達成感を味わうことができるように努力していきたい。

　また，日常的にも成功体験や達成感を味わうことができるように配慮し，自己評価や自己肯定感を高めるように指導していきたい。

教育課程編成の実際

　前項で述べた通り，知的障害のある児童の学習指導には，特別な指導内容や指導方法，様々な配慮が必要である。そのため，小学校に設置された特別支援学級の教育課程は，教育基本法及び学校教育法その他の法令，小学校学習指導要領に基づいて編成される。また，児童の実態に応じて，特別支援学校小学部学習指導要領を参考にすることができる。

　ここでは，実際に教育課程を編成する手順に沿って説明する。

(例) A小学校知的障害特別支援学級の例

```
┌─────────────────────────────────────────────────┐
│ ・児童の実態    ・学級評価(児童・教師・保護者)  │
│ ・指導体制      ・施設・設備    ・関係機関との連携│
└─────────────────────────────────────────────────┘
                      ↓
```

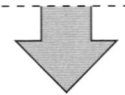

A小学校知的障害特別支援学級教育課程

・小学校学習指導要領　・特別支援学校学習指導要領
・A小学校教育課程，教育目標
・知的障害特別支援学級教育目標・教育課程編成の基本方針・指導の重点
・特色ある教育活動　・交流及び共同学習

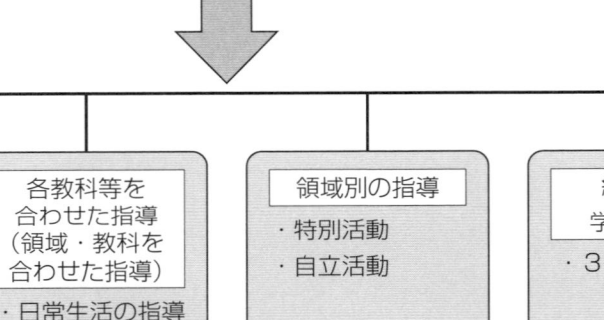

教科別の指導	各教科等を合わせた指導（領域・教科を合わせた指導）	領域別の指導	総合的な学習の時間
特別の教科 道徳 ・学習段階別グループ編成 ・小学部の各教科（3段階）	・日常生活の指導 ・生活単元学習 ・遊びの指導	・特別活動 ・自立活動	・3～6年

本書では，国語科と算数科の2教科に絞っている。

指導内容の選定	指導内容の組織	授業時数の配当
・重点的な指導内容 ・基礎的・基本的な指導内容	・指導内容の相互の関連 ・段階的・系統的な指導内容	・年間授業時数 ・学年の週授業時数 ・授業の1単位時間 ・時間割の編成 ・生活時程

● **各学級における教育課程編成の基本方針**

　知的障害特別支援学級における教育課程の編成は，第一に，学校全体の教育課程における特別支援教育の推進や特別支援学級の位置づけ，役割について書かれている基本方針を踏まえて整合性を図ることが大切である。第二に，特別支援学級に在籍する児童の実態を踏まえて行わなければならない。それらを十分に踏まえた上で，１年間を通して重点的に取り組む学習指導，生活指導，交流及び共同学習，家庭や関係機関との連携等について基本的な考え方を検討しておく必要がある。学校長と特別支援学級の担任でよく話し合い，共通理解を図っておきたい。いくつか例を挙げておく。

［学習指導］・一人一人の個別の指導計画に基づいて授業計画を作成し，個に応じた指導が充実するように授業改善に努める。
　　　　　　・実際的，具体的な学習課題を設定し，児童が主体的に学習できるように計画する。
　　　　　　・学習したことを生活の中で生かすことができるように指導計画を作成する。
　　　　　　・校内研究の中で，教科指導における一人一人の学び方に応じた指導方法や個別の配慮について研究し，通常の学級に在籍する児童への指導に生かす。

［生活指導］・基本的生活習慣の定着を目指し，身の回りのことが自分でできるように指導する。
　　　　　　・友達や教師とより良い人間関係を築くことができるように，関わり方のスキルや態度を指導する。

［交流及び共同学習］・交流及び共同学習の場面では，通常の学級の児童との交流を計画し，相互理解を深め，互いに良さを認め，学び合うことができるように指導する。

［家庭との連携］・学校と家庭の役割を明確にし，情報や指導目標を共有化して一貫性のある指導ができるようにする。

［関係機関との連携］・個別の教育支援計画を作成して関係機関と情報を共有し，専門的な情報を参考にして指導や授業に生かすようにする。

● **特別支援学級の教育目標**

　特別支援学級の教育目標を設定する際には，設置されている学校の教育目標を十分に踏まえ，通常の学級の各学年の発達段階に応じた目標も参考にする。また，特別支援学級の担任は，学校長の学校経営方針を理解しておくことや，特別支援学級の児童の実態を多様な点から把握しておくことも必要である。日常の教育活動の中に具現化していくことが可能なこと，さらに指導体制が変わっても特に，教育目標や内容を継続していくことができるのかという視点も踏まえて設定していく。

(例) ○○小学校の教育目標

> 思いやりのある子
> 自ら学ぶ子
> 体を鍛え元気な子

○○小学校□□特別支援学級の教育目標

> ともだちとなかよくする子
> じぶんのことはじぶんでする子
> いっしょうけんめいべんきょうする子
> すすんでうんどうする子

● **指導内容の選定**

教育目標を達成するために，必要な基礎的・基本的な指導内容や重点的な指導内容を小学校学習指導要領及び特別支援学校学習指導要領の小学部の内容から選定し，教育課程の中心部分を編成していく。

具体的には，新年度に向けた各自治体の教育委員会から示される特別支援教育や特別支援学級の方針，学校長の経営方針，学校全体の教育方針や指導の重点，さらに特別支援学級の児童の実態を踏まえ，現在実施している教育課程を見直す作業を始める。その際に，上記の学習指導要領を根拠として，日常生活との関連性を大切にしながら作業を進めることが大切である。

(例) A 小学校知的障害特別支援学級の国語科・算数科の指導内容例

国語	話す・聞く	・自己紹介　・スピーチ（経験したことを伝え合う） ・話し合い（意見や感想を伝え合う）　・劇遊び
	読む	・文字（ひらがな，カタカナ，漢字），単語，文の読みと意味理解 ・詩や文章（説明文・物語文）の内容理解　・ローマ字を読む
	書く	・文字（ひらがな，カタカナ，漢字）を書く　・ローマ字を書く ・絵日記や作文（経験したこと）を書く　・手紙（招待状，礼状）を書く ・説明文を書く（調理のレシピ，観察日記，見学レポート）　・書写
算数	数と計算	・集合数と順序数　・大きな数と位取り（十進法）　・金銭の取り扱い ・表とグラフ　・足し算，引き算，かけ算，割り算　・筆算　・文章問題　・座標
	図形	・いろいろな形の分類や特徴の理解（平面，立体）　・面積や体積 ・定規，コンパス，分度器の取り扱い
	時間	・時間と時刻（読み方，日常生活との関連） ・暦（暦の理解，カレンダーの読み方，スケジュール理解）
	量と単位	・長さ（定規やメジャーの取り扱い，単位の換算，距離の計算） ・かさ（計量カップの取り扱い，単位の換算，かさの計算） ・重さ（秤の読み方，単位の換算，重さの計算）

指導計画の作成

　特別支援学級において作成する指導計画は，小学校学習指導要領及び特別支援学校学習指導要領の第1章総則及び第2章以下に書かれている指導計画の作成に関する配慮事項を参考にし，児童の実態や学校，地域の実態を考慮して作成する。学級全体または一人一人の実態に応じて，計画的，重点的な指導を展開するためにも，指導計画の作成は大変重要な課題である。

　指導計画は，期間によって下の表のように分けて作成する。

(1) 各教科ごとの指導計画	①年間指導計画 ②学期ごとの指導計画 ③単元ごとの指導計画 ④週指導計画
(2) 各教科等を合わせた指導（領域・教科を合わせた指導），領域別指導，総合的な学習の時間，交流及び共同学習のそれぞれの指導計画	
(3) 個別の指導計画	①長期（年間）の個別の指導計画 ②短期（学期）の個別の指導計画 ③単元ごとの個別の指導計画

年間指導計画の作成

　特別支援学級の教育課程編成の基本方針や教育目標に基づき，教科別の指導，各教科等を合わせた指導（領域・教科を合わせた指導），領域別の指導，総合的な学習の時間のそれぞれに年間指導計画を作成する。

●指導の形態ごとに指導目標を設定する

　指導目標は，児童の実態を踏まえた上で，小学校学習指導要領の各教科の指導目標に基づき，指導内容の系統性を考慮して設定する。児童の実態によっては，特別支援学校小学部の教科別の指導の指導目標も参考にして設定する。

●指導内容の吟味，精選

　教育目標を達成するために必要な指導内容を選定した後で，基礎的・基本的な内容，重点的に指導する内容を整理する。児童の実態に応じた指導内容か，指導体制や施設・設備等の観点から実際に指導可能かどうか，通常の学級との関連はどうか等，指導内容を十分に吟味し精選する。総合的な学習の時間や交流及び共同学習の年間指導計画を作成する際には，通常の学級で作成している年間指導計画も参考にして計画する。

● **各教科と各教科等を合わせた指導（領域・教科を合わせた指導），領域別の指導，総合的な学習の時間の関連**

　各教科の単元計画の最後に，単元全体の学習で学んだことを生かして学級内で発表会をしたり，各教科で学習したことを総合的な学習の時間や交流及び共同学習の時間に活用していくことは，より実践的な力の育成にもつながる。また，例えば，「体育の授業の中で，ゲームの合計得点を表にして勝負を考えるという算数の指導内容を取り入れて合科的に取り扱うこともある。総合的な学習の時間で地域の図書館を訪問した後にお礼の手紙を書くために，国語の授業で手紙の書き方の学習を計画しておく」。このように，各教科と各教科等を合わせた指導（領域・教科を合わせた指導），領域別の指導，総合的な学習の時間を相互に関連づけて，生活に生きる実践的な力を育んでいきたい。

A 小学校知的障害特別支援学級の国語科の年間指導計画例

時期	単元名	題材（○年・教科書）	時間数
4月初め	「自己紹介をしよう」（話す・聞く） ※交流学級で自己紹介		2時間
4月	「ことば遊び」（しりとり，ことばの階段，クロスワードパズル）（語彙を増やす） 「詩を読もう」（読む・書く）	教育出版1年上 同上	8時間 4時間
5月	「体験したことを絵と文で書く」 「問いと答えを理解しよう」（説明文）	「くちばし」 教育出版1年上	2時間 8時間
6月	「くりかえし読みを楽しもう」（物語文）	「大きなかぶ」 教育出版1年上	10時間 ※宿泊学習
7月	「宿泊学習の絵日記を書こう」（作文） 「1学期の復習」（読む・書く）		2時間 8時間
9月	「夏休みの話をしよう」（話す・聞く） 「問いと答えを理解しよう」（説明文）	「はたらくくるま」 光村図書1年上	2時間 8時間
10月	学芸会に向けて 「登場人物の気持ちを考えよう」（物語文）	「たぬきの糸車」 光村図書1年下	12時間
11月	学芸会練習「気持ちを込めて演技をしよう」（話す・聞く） 「招待状を書く」（書く）		10時間 ※学芸会 1時間
12月	「学芸会の絵日記を書こう」（作文） 「礼状を書く」（書く） 「2学期の復習」（読む・書く）		2時間 1時間 8時間
1月	「違いを比べよう」（説明文）	「どうぶつのおやこ」 光村図書1年上	10時間
2月中～ 3月初め	「登場人物の気持ちを考えよう」（物語文） ※学級のお別れ会で指人形劇を発表	「おてがみ」 教育出版1年下	9時間
3月初め ～中旬	「1年間の思い出を書く」（作文） 「1年間の復習」（読む・書く）		4時間 6時間
		合　計	117時間

（注記）
- 4月初め「自己紹介をしよう」：交流及び共同学習との関連
- 6月・7月：生活単元学習との関連
- 12月「礼状を書く」：手紙の書き方を取り入れて生活に生かす。

A小学校知的障害特別支援学級の算数科の年間指導計画例

時期	単元名	題材（○年・教科書）	時間数
4月	「大きな数と位取り，お金」（数量関係） 「たし算の筆算（2位数）」（数と計算）	教育出版2年上	4時間 6時間
5月	「ひき算の筆算（2位数）」（数と計算） 「時間の単位，時刻の読み方」（量と測定） 「表とグラフ」（数量関係）	教育出版2年上	4時間 4時間 4時間
6月	「かけ算」（数と計算） 「正方形・長方形」（図形）	教育出版2年下	6時間 4時間
7月	「かけ算」（数と計算） 1学期の復習	教育出版2年下	6時間 4時間
9月	「かけ算」（数と計算） 「長さを比べよう」（量と単位）	教育出版2年下	6時間 4時間
10月	「たし算の筆算（3位数）」（数と計算） 「長さを比べよう」（量と単位）	教育出版3年上	6時間 4時間
11月	「ひき算の筆算（3位数）」（数と計算） 「かさを比べよう」（量と単位）	教育出版3年上	6時間 4時間
12月	「表とグラフ」（数量） 2学期の復習	教育出版2年上	4時間 6時間
1月	「三角形」（図形） 「時間の単位，時刻の読み方」（量と測定）	教育出版2年下	5時間 5時間
2月	「大きな数（10000までの数，お金」（数量関係）	教育出版2年下	9時間
3月	「はこの形」（図形） 1年間の復習	教育出版2年下	4時間 6時間
		合　計	111時間

（4月・5月欄注記）生活に必要なお金や時間，暦などの単元を設定した。

（12月欄注記）2学期に学習した単元を違う題材で繰り返し学習する。

● 健康・安全面への配慮

　特別支援学級で学ぶ児童においては，その障害特性から自ら周囲の安全に気をつけたり，危険を予想したりすることが難しい。従って，体育や遊びの時間に体を動かす学習活動では，十分な健康観察をした上で，教師の立ち位置やグループ編成，活動の場の範囲，運動量，気温，用具の取り扱い，児童一人一人の体力や不安感，健康上の配慮点等多様な観点から安全性について事前に配慮しておくことが必要である。その他にも，図工や調理実習における用具の取り扱い，校外学習での集団行動や道路の歩き方，交通機関の利用の仕方等について年間指導計画の中に書き込んでおきたい。

　そして，管理職と特別支援学級担任で共通理解を図り，週指導計画にも明記し，児童が安心して学習できるように実施していきたい。

● 施設・設備，指導体制，使用する教材や用具，地域や学校の特色や実態

　実際の学習指導を展開する際には，教室の位置や広さ，教員数などを児童数やグループ数と合わせて検討していく。その際に，低学年の児童や安全上特別な配慮を要する児童は避難しや

すい1階にしたり，児童同士の人間関係に配慮してグループ編成を行ったりする必要もある。校内で通常の学級と一緒に利用する体育館や運動場，家庭科室等の使用時間割を作成しておくことも必要である。また，地域の行事や伝統的な産業を学校全体で特色ある活動として取り入れている場合なども，年間指導計画を作成する際には，児童生徒の実態に応じて施設・設備，指導体制，使用する教材や用具まで具体的な授業場面を想定して計画しておくことが大切である。

● 通常の学級の指導計画を参考にする場合

　通常の学級の指導計画をそのまま使用して国語や算数の教科指導の学習指導案を作成しても，児童の実態に応じた授業づくりは難しい。知的障害のある児童の学び方の特性に配慮するための観点を理解して，指導計画の中に盛り込んでいきたい。

　例えば，ある単元の指導計画を通常の学級と知的障害特別支援学級で比較してみると，下の表のようになる。

ある単元の指導計画を通常の学級と知的障害特別支援学級で比較した例

観　点	通常の学級	知的障害特別支援学級
指導目標	①関心・意欲・態度②思考・判断・表現③技能④知識・理解の観点で，低学年，中学年，高学年と発達段階や学級全体の実態に応じて設定していく。	通常の学級と同じ①〜④の観点で設定するが，児童の実態に応じて具体的，実際的な目標であることが大切である。日常生活や家庭，地域に生かす視点も必要である。
指導計画	指導計画全体の中に導入→習得→活用の流れがあり，毎時間新しい指導内容が入る。	学習したことを日常生活や家庭，地域で活用することができるように時間を設定したり，活用しやすいような学習活動を工夫したりする。
学習進度	学級の実態に応じて進度に配慮するが，基本的には教材として使用する教科書の指導書等を参考にして計画する。	スモールステップで計画する。児童の反応を十分に観察して形成的評価を行い，実態によっては指導計画を修正しながら指導を進める。
繰り返しの学習	授業の中で関連する既習学習を取り上げて復習したり，単元の途中や最後に定着のための時間を設定したりすることもある。	繰り返しの学習は必要であるが，毎時間同じことを繰り返すのではない。前時の復習を取り入れながら，同じ学習段階における新しい課題を設定する。
時間数	国語の説明文や物語文の指導で8〜10時間程度，算数の四則計算の単元で10時間前後で計画されている。	スモールステップで学習を進めると単元全体の時間数が多くなってしまうので，児童や学級の実態に応じて，指導内容を焦点化，重点化して計画する。

● 家庭や地域との連携

　家庭や地域の様々な場面の中で，学校の教育活動の中で学んだことを活用することを通して，

学習内容の定着を図っていくことが大切である。そのためには，個別の指導計画を基に家庭との細かい情報交換を通して，児童の様子，指導目標や指導内容，指導方法について共通理解を図っておきたい。そして，新たに指導目標を設定したり，今までの指導方法を修正したりして，できるだけ一人一人の実態に近づけていくことによって，家庭や地域における定着を目指していきたい。さらに，年間指導計画で取り上げる学習活動は，家庭や地域でも活用することができるように，指導計画の中に活用のための時間を設定したり，実際に家庭や地域との連携の場面を取り上げたりする等の工夫が必要である。

● 個別の指導計画の作成と活用

小学校学習指導要領では，「第1章　総則　第4　指導計画の作成等に当たって配慮すべき事項2(7)」に「障害のある児童などについては，特別支援学校等の助言又は援助を活用しつつ，例えば指導についての計画又は家庭や医療，福祉等の業務を行う関係機関と連携した支援のための計画を個別に作成することなどにより，個々の児童の障害の状態等に応じた指導内容や指導方法の工夫を計画的，組織的に行うこと。特に，特別支援学級又は通級による指導については，教師間の連携に努め，効果的な指導を行うこと」と書かれている。

特別支援学級で学ぶ児童生徒は，一人一人の個人差が大きいので，一緒に授業を受けていても個別の指導目標や指導内容，指導方法を計画しておくことが必要である。その際の根拠となるものが個別の指導計画である。教師の実態把握，本人の希望，保護者や関係機関からの情報を基に課題の優先順位を決め，適時性にも配慮しながら1年間の重点目標を決定する。また，各教科や各教科等を合わせた指導（領域・教科を合わせた指導），領域別の指導，総合的な学習の時間のそれぞれに年間の指導目標を設定し，指導内容を選定して個別の指導計画を作成する。

個別の指導計画の作成を通して，次のような指導上の利点が期待できる。

①児童の課題が焦点化され，計画的，重点的な指導ができる
②児童の実態に応じた指導方法や配慮点，引継事項が明記され，教育的ニーズに応じたきめ細かい指導ができる
③校内や学級の教師間だけでなく，家庭，医療等の関係機関との連携のための基礎資料となり，一貫性のある指導ができる
④担任が交代しても指導や配慮を継続していくことができる。

学習指導案を作成する際には，一人一人の各教科等の年間指導目標を念頭に置いて，個別の指導内容や配慮点を加筆していきたい。

また，日常的にも週指導計画案を作成する際には，同様の手続きを取り入れたい。1時間ごとの授業の中に，個別の指導計画の内容を細分化，具現化していくプロセスを積み重ねていくことにより，短期目標や長期目標を達成していくことができる。詳しくは，第2章「特別支援学級〈国語・算数〉授業づくりのモデルケース」を参照されたい。

A小学校特別支援学級に在籍しているA児（3年）の個別の指導計画例

長期目標

国語	話す・聞く 読む	・経験したことや考えたことを話形を活用して発表することができる。
		・簡単な説明文や物語文の内容を理解し，わかったことを発表することができる。スラスラと音読することができる。
	書く	・作文では，「はじめ・中・おわり」の構成を活用し，中心になるところを詳しく書くことができる。
算数	数と計算	・3桁，4桁の数の大きさや表し方，位取りについて理解することができる。
	時間	・かけ算の意味を理解し，生活の中でも活用できる。
	図形	・時間（○時○分）を理解し，生活の中で活用できる。
	量と単位	・図形の特徴を理解し，定規を使って図形を書くことができる。
		・長さやかさ，重さの単位を理解し，生活の中で活用できる。

短期目標（1学期）

教科	指導目標	実態	手立て	評価
国語	①音読がスラスラできる。	①読み飛ばしや読み間違いがある。	①単語，文節，文末に分けて練習する。	①一つ一つの単語を正しく読み，自信をもってスラスラ音読することができた。音読の練習の仕方も身についてきた。
	②説明文や物語文の内容のあらましを理解し，考えたことを発表する。	②文章を読んで内容を理解することが難しい。	②視覚教材や体験活動を通して内容を理解できるようにする。	②視覚教材を活用したり，自分に置き換えたりして内容理解をすることができた。理解したことを自分の言葉で発表することもできた。
	③宿泊学習の作文では，一番心に残ったところを詳しく書くことができる。	③1つのことをいろいろな観点から詳しく書くことが難しい。	③教師と話したり，観点カードをヒントとして活用したりして，詳しく書けるようにする。	③教師と話をした後で，観点カードを活用して詳しく書くことができた。
算数	①3桁の数の位取りを理解し，数のいろいろな表し方ができる。	①0が入った数字の読み書きが難しい。	①位取りカードを活用して数字の読み書きをする。	①位取りカードを活用して，3桁の数の読み書きができた。
	②文，図，式を合わせて，かけ算の意味を理解する。	②文章問題を読んで図を描いたり，式を考えたりすることが難しい。	②絵カード→式カード→文カードの順で合わせて意味を理解できるようにする。	②絵カードを見て，式を立て，文章問題と結びつけることができた。今後は，式カードや文カードから考えることができるように指導していく。

（菅原眞弓）

3 自閉症・情緒障害特別支援学級の教育課程の編成

自閉症・情緒障害特別支援学級で学ぶ児童生徒

自閉症・情緒障害特別支援学級の対象となる児童生徒は,「障害のある児童生徒等に対する早期からの一貫した支援について」(平成25年10月4日付け25文部科学省初等中等教育局長通知)によると,

①自閉症又はそれに類するもので,他人との意思疎通及び対人関係の形成が困難である程度のもの

②主として心理的な要因による選択性かん黙等があるもので,社会生活への適応が困難である程度のもの

となっている。

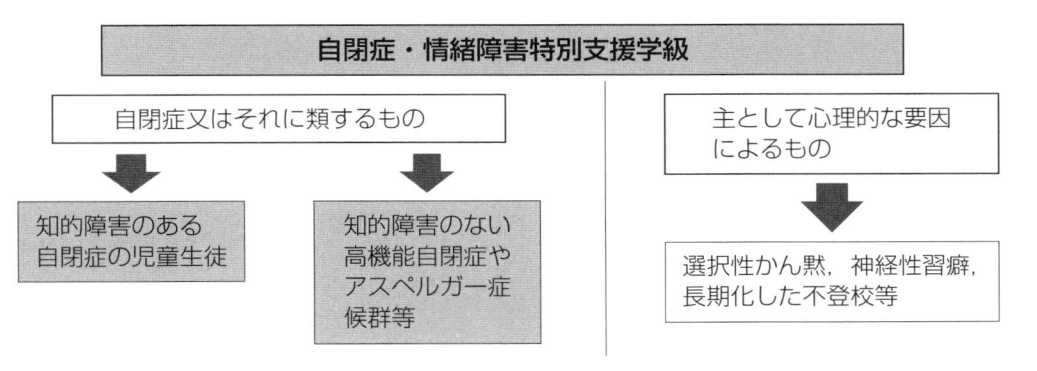

```
            自閉症・情緒障害特別支援学級
    ┌─────────────────────┬─────────────────┐
    │  自閉症又はそれに類するもの      │ 主として心理的な要因  │
    │                             │ によるもの          │
    ↓              ↓                        ↓
知的障害のある      知的障害のない           選択性かん黙,神経性習癖,
自閉症の児童生徒    高機能自閉症や           長期化した不登校等
                  アスペルガー症
                  候群等
```

従って,自閉症・情緒障害特別支援学級の対象である児童生徒は,「自閉症者」と「情緒障害者」となる。

ここでは,自閉症又はそれに類するものとして,軽度の知的障害である自閉症の児童と,知的障害のない自閉症(高機能自閉症等)の児童についてまとめていく。

学習上の特徴と基本的な指導

自閉症の児童は,知的発達の程度は異なっても,自閉症という障害特性のために学習上または生活上の様々な困難を抱えている。一人一人の児童が困っていることを十分に把握して,適切な対応を考え,授業づくりにつなげていくことが大切である。

ここでは,学習上で見られる特徴と基本的な対応方法について述べる。

●何をどのように伝えればよいのかわからない

家族と旅行に行ったり,学校で遠足に行ったり等,自分で実際に経験したことをスピーチす

ることはできるが,「A君の良いところを言ってください」「登場人物になったつもりで気持ちを言ってください」といった,手がかりがない状態で抽象的な質問や内容に回答することはとても苦手である。また,質問の意図や背景を即時的に理解して発言することも苦手である。実際,何をどのように言えばよいのかわからず,困ってしまう児童がとても多いのである。

また,予想外のことが起きたり,自分の思い通りにいかなかったりしたときも,経過や状況を順序立てて説明することができずに黙ってしまう児童もいる。

状況を説明するためには,「いつ」「どこで」「だれと」「なにを」「どうした」といった5W1Hの観点で話すスキルを身につけることが必要であるが,単語だけを並べて話したり,思いつく状況だけを説明したり,あるいは「あの…」「その…」と言葉が途切れてしまう児童も見られる。

【基本的な指導】モデルや話形を示したり,視覚情報を活用したりする

他の友達の発言を聞いて参考にできるように指名の順番に配慮する,話形を視覚的にして同じように発表できるようにする等の支援が必要である。

また,スピーチが苦手な場合は,文に書く,写真や絵,動作のように視覚的な方法を活用する等,児童自身が多様な表現方法を選択できるように授業の計画を考えていく。

● 指示や説明を聞いたり,理解したりすることが難しい

教師の話や友達の話が(聞く活動が)始まった途端,下を向いて手いたずらを始めたり,立ち歩いたりするなど,逸脱した行動が目立つ。

なぜなら,言語だけの指示や説明では言葉(情報)が消えてしまい,理解するための手がかりが得にくくなるからである。

授業では,どうしても聞く活動の時間が長くなりがちで,学習内容が理解できないまま過ごしている姿も見られる。

自閉症の児童が聞く活動を難しくしている要因には,次のようなことが考えられる。

① 聞くことの意味や価値を理解することが難しい
② 興味のない話には,耳を傾けることが難しい
③ 音声言語を正しく聞き取ることが難しい
④ 話の内容の中核的な意味を理解することが難しい

⑤　相手の話に「自分だったら…」と置き換えて聞くことが難しい
⑥　今までの知識や経験，学習したことと関連づけて聞くことが難しい
⑦　相手の話の大事なポイントをつかむことが難しい
⑧　一定時間聞き続けることが難しい
⑨　情報量が多くなった場合，不必要な情報と必要な情報を取捨選択し整理しながら聞くことが難しい
⑩　話し手が複数いる場合，誰に着目したらよいのか判断することが難しい

【基本的な指導】視覚情報を活用して伝える，話し合いの内容を可視化する

　まず，話をするときには，短い言葉や短い文で具体的に伝えるようにする。話の大事なところを復唱したり，ハンドサインを活用して体を使いながら聞いたりすると聞く活動に参加しやすくなる。視覚的な補助手段を併用しながら伝えるとさらにわかりやすくなる。また，具体物や視覚教材（写真や動画等）も非常に有効である。

　話し合い活動では，ホワイトボードやメモ用紙を用意して，誰が話しているのか，何を話しているのかなど，発表した意見等を記録者がメモ書きするだけで話し合いの内容がわかりやすくなる。さらに必要な場合は，文字や図を使って話し合いの内容を構造的に示すことで理解を促すことも可能になる。

話し合いの可視化

●場の状況を理解したり，時間的な見通しをもったりすることが難しい

　授業の中で今何をするべきときなのか，友達はなぜノートを取っているのか等，目の前で起きていることや教室の中の状況について理解することが難しい児童がいる。そのために，場に応じた行動を取ることや集団に適応することが難しく，困っている児童も多いのである。

　また，学校や学級のルールを理解して守るといったことでも，周囲の児童が当たり前にできることが，彼らにはとても難しいことなのである。

　さらに，例えば今度の金曜日に漢字テストがあると予告されても，今日から何をどのように練習していけばよいのか計画を立てて実行することや，前時までの学習から本時の学習のおおよその見通しをもつこと等，今までの経験や知識に関連づけて時間的な見通しをもち，計画的に考えたり実行したりすることが苦手な児童も多い。

今は何をするときなの？
これから何をするの？

【基本的な指導】ルール化と構造化でわかりやすい環境づくりを

「授業中は席を立たない」「ブランコに乗るときは並んで待つ」等，場の状況と行動を結びつけたルールがあると，不適切な行動も減り集団に適応しやすくなる。具体的なルールが視覚的に掲示されているとよりわかりやすい。適切な行動が定着してきたら，掲示物がなくても行動できるように支援を減らしていくことも必要である。

構造化は，自閉症の児童には行動する際の手がかりとして重要になる。構造化には，「時間の構造化」「活動の構造化」「場や環境の構造化」などがある。

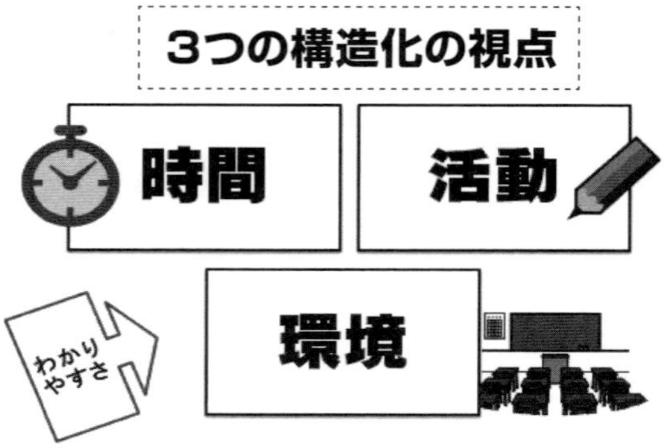

> 時間

学習活動の流れを示したり，今どこをやっているのかわかるようにマークをつけたりする。特に活動の始めと終わりを明確に示したり，活動から次の活動に移るタイミングなどを明示したり，時間の流れに沿って構造的に示すことが必要である。

> 活動

５Ｗ１Ｈを示して何をいつまでにどのように行うのか，最終的に何ができればよいのかゴールを示して見通しをもたせる。事前にビデオを見せたり，リハーサルをしたりすることも有効である。

> 環境

教師や子どもの立ち位置や動線，机の配置など空間をわかりやすく整えておくことである。宿題や提出物を出すケースを用意する，棚にはラベルを貼ってどこに何が入っているかわかるようにする，刺激になる掲示物はできるだけ貼らないようにする等の配慮が必要である。

● **学習手順に独特のこだわりがあって，変化を嫌う傾向がある**

初めて学んだ方法や，本人が解決しやすかった方法に強くこだわることがある。例えば知的発達の遅れがない自閉症の児童の中には，かけ算の考え方を理解し九九は暗記しているにもかかわらず，答えは足し算で求める児童もいる。これは，初めて学んだ方法にこだわるあまり，次に学んだ方法を使うことに抵抗を感じたりするケースである。

また，学んだ事柄を応用させることも苦手な児童がいる。そのため，合理的な解決方法に至らないこともある。

【基本的な指導】「時間が短縮できる」「解決が楽だよ」といったキーワードを伝える

　特に知的発達の遅れがない自閉症の児童の場合は，論理的に思考する傾向がある。いわゆる理屈で物事を評価する傾向もある。

　そこで，それを逆手にとり，新しい学び方や解決方法を取り入れない場合は，「今の解き方は時間がかかったよね。先生が今日教えた方法は，時間がすごく短縮できて便利だよ」などの言葉かけをしながら，「楽に解く」「合理的に解く」といったキーワードを敢えて使うなど，理屈から説明する方法が効果的な場合もある。

● 視覚，聴覚，触覚等に感覚の過敏性が見られる

　自閉症の児童の中には，目で見た物に過敏に反応してしまい，学習活動に集中することができない児童もいる。例えば黒板の周辺に貼られている掲示物に見とれてしまい，教師が指し示した板書に集中できないことがある。

　また，音に過敏なため，音楽の授業で合唱や合奏の音，校内放送から流れる音楽，運動会で合図に使うピストルの音，体育館で反響する音，全員で音読する声等に対して耳ふさぎなどの行動で反応する。

　触覚過敏の児童は，人に触られることを嫌がる傾向が見られる。体育での手つなぎ鬼のゲームから離脱してしまうので，理由を探ると触覚過敏だったというケースもある。同様に，同じ衣服を着用し続ける場合もある。

【基本的な指導】環境整備や個別の配慮を通して，不快感を軽減する

　教室内の掲示物や置いてある図書，生き物等視覚的に敏感に反応してしまう児童が在籍している場合は，教室内の環境整備が必要である。掲示物は精選して掲示するようにする，特に黒板の周囲の掲示物は減らす，どうしても掲示しておく場合は，授業中はカーテンを閉めて見えないようにする等の配慮が必要である。

　聴覚過敏への対応は，徒競走のスタートは小さい音のピストルや笛に変更したり，演技中のBGMの音量に配慮したりする。それでもつらい場合は，耳栓をしてもらうとよいだろう。

　触覚過敏の場合は，安全面を第一に考え，本人や保護者とよく相談して対応していく。先の手つなぎ鬼のゲームでは，手をつなぐルールから短い紐を互いに持つというルールに変更したことで，ゲームから離脱しなくなっていく。

教育課程編成の実際

　第1章の1で述べた通り，特別支援学級の教育課程の編成は，学校教育法施行規則第138条において特別の教育課程によることができると明記されている。

　さらに，小学校及び中学校の学習指導要領解説の総則編において，「特別の教育課程を編成するとしても，学校教育法に定める小学校（中学校）の目的及び目標を達成するものでなけれ

ばならないことは言うまでもない」「特別支援学級において特別の教育課程を編成する場合には，学級の実態や児童（生徒）の障害の程度等を考慮の上，特別支援学校小学部・中学部学習指導要領を参考とし，(中略) 実情に合った教育課程を編成する必要がある」と書かれている。

　従って，知的障害特別支援学級と同様に，自閉症・情緒障害特別支援学級の教育課程の編成においても，小学校及び中学校の教育課程を基本にすることは言うまでもない。その上で，児童生徒の実態に応じて，特別支援学校小学部・中学部学習指導要領を参考に編成することができる。

● 知的発達によるグループ別の教育課程の編成例

　自閉症・情緒障害特別支援学級で学ぶ自閉症の児童生徒は，知的発達の程度によって指導内容が大きく異なってくる。

　知的障害のある児童生徒は，知的障害特別支援学校の学習指導要領を参考にすることができるが，知的障害のない自閉症の児童生徒は，小学校及び中学校の各教科及び領域の指導を基本とする。

　本書では，自閉症・情緒障害特別支援学級に在籍する自閉症の児童を，知的発達の程度に応じてグループに分け，それぞれのグループごとに教育課程の編成の在り方について考えていく。

① 知的障害がある自閉症のグループの教育課程の編成例（①の知的障害の程度は，軽度とする）

　このグループの児童は，小学校の教育課程（特に学年）を基本とし，必要な場合は知的障害特別支援学校小学部の教育課程を参考にすることができる。

　ただし，各教科の指導においては，知的障害特別支援学校での各教科の内容を取り入れるというよりは，小学校の下学年の目標や内容を取り扱うことが一般的である。

　また，知的障害への対応だけでなく，自閉症という特性への対応も加味して考えると，教科指導では指導内容の精選と同時に指導方法への配慮も必要になってくる。

　どちらにしても，自閉症・情緒障害特別支援学級での教科指導とともに，通常の学級での交流及び共同学習の内容に関しても検討が必要である。

　概括すると，①のグループでは自閉症・情緒障害特別支援学級に行う教科の指導において，下学年の目標や内容（下学年の教材を使用）を中心に，交流及び共同学習では当該学年の目標と内容で，さらには障害特性を踏まえた自立活動の指導を行うということになる。

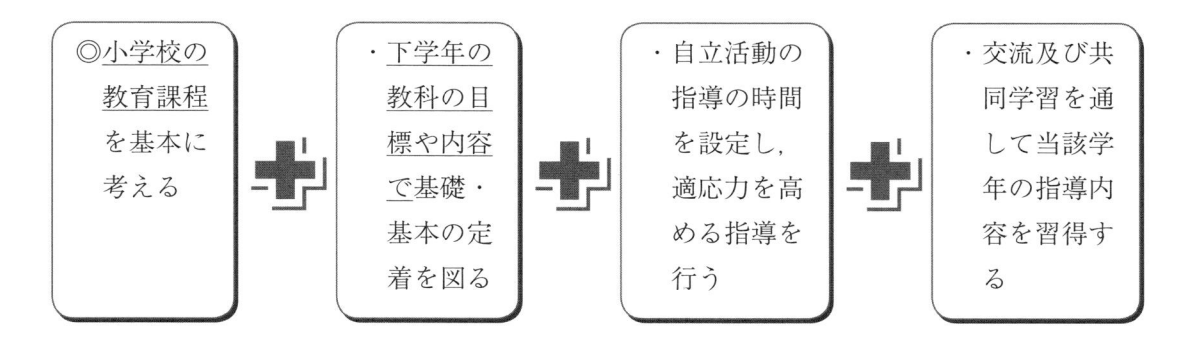

| ◎小学校の教育課程を基本に考える | ＋ | ・下学年の教科の目標や内容で基礎・基本の定着を図る | ＋ | ・自立活動の指導の時間を設定し，適応力を高める指導を行う | ＋ | ・交流及び共同学習を通して当該学年の指導内容を習得する |

② 知的発達が標準である高機能自閉症やアスペルガー症候群等の児童の教育課程の編成例

このグループの児童は，おおむね学年相応の学習が可能だが，学校生活への適応に課題があるため，自閉症・情緒障害特別支援学級に在籍しているという状況である。したがって，通級による指導を利用する知的障害のない自閉症の児童をイメージするとわかりやすい。

教育課程の編成では，学年相応の学習を基本としながら，自立活動の時間を設定して指導を行うことになる。ただし，学年が異なっているグループの場合は，教育課程を編成する際，目標や授業時数等が異なってくるので，結果的に個別に近い教育課程になるかもしれないが，基本的にはグループとして教育課程を編成し，個別の指導計画で指導内容を個別化することになる。

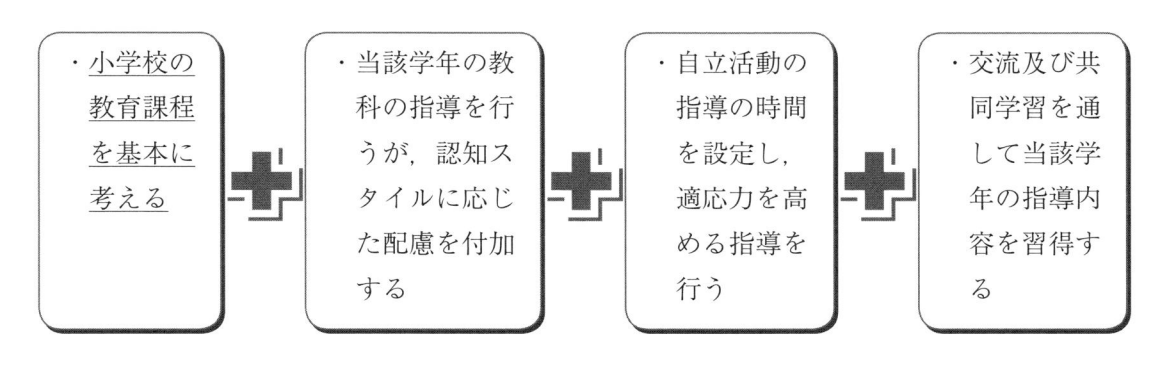

| ・小学校の教育課程を基本に考える | ＋ | ・当該学年の教科の指導を行うが，認知スタイルに応じた配慮を付加する | ＋ | ・自立活動の指導の時間を設定し，適応力を高める指導を行う | ＋ | ・交流及び共同学習を通して当該学年の指導内容を習得する |

年間指導計画の作成

自閉症・情緒障害特別支援学級では，小学校学習指導要領を基にして各教科の年間指導計画を作成する。主な配慮点は次の通りである。
(1) 在籍児童の当該学年の教科書や教材を基に単元を設定して配置する。
(2) 知的発達の程度に応じて，下学年の教科書などの教材を使用して基礎・基本を習得させる。
(3) 一人一人の実態を把握して，各教科の指導においては自閉症の特性に配慮して行う。

(4) 各教科の授業時数は学級の指導方針に基づき，通常の学級で実施する配当時間を基本にしながら，重点的に指導をする内容などは多目に配当するなど，全体的な時数を考えて増減を示すとわかりやすい。

B小学校の自閉症・情緒障害特別支援学級における知的発達が標準であるグループの国語科年間指導計画例

在籍児童…A児（2年），B児（2年），C児（2年）

学級の指導方針…①話す・聞く活動を通して，話し合いのための態度や技能の向上を図る。
　　　　　　　　②文章を読んで，あらすじや内容理解，心情理解ができるようにする。

学期	月	単元名「　」 使用教科書　光村図書（　）	通常の学級での配当時間	自閉症・情緒障害特別支援学級での配当時間
1学期	4月	「音読しよう」（ふきのとう）	10	12（＋2）
		（春がいっぱい）	1	2（＋1）
		「書くことをきめて，しらせよう」 （今週のニュース）	4	3（－1）
	5月	「読んでわかったことをまとめよう」 （たんぽぽのちえ）	12	14（＋2）
		（かん字のひろば①）	2	2
		「きろくしよう」 （かんさつ名人になろう）	12	10（－2）
	6月	「きいてたのしもう」 （いなばの白うさぎ）	2	2
		（かたかなのひろば①）	2	2
		「だいじなことをおとさずに，話したり聞いたりしよう」 （ともこさんはどこかな）	4	6（＋2）
		（おなじぶぶんをもつかん字）	2	2
		「お話を読んで，かんそうを書こう」 （スイミー）	10	12（＋2）
		（かん字のひろば②）	2	2
	7月	「まとまりに分けて，お話を書こう」 （お話のさくしゃになろう）	8	6（－2）
		（うれしいことば）	1	1
		「本はともだち」（黄色いバケツ）	10	11（＋1）
		（かん字のひろば③）	2	2
		（夏がきた）	1	1
2学期	9月	「こえに出して読もう」（おおきくなあれ）	2	2
		「はっぴょうしよう」（あったらいいな，こんなもの）	14	14
		（カンジーはかせの大はつめい）	2	2
		（ことばであそぼう）	1	1

（注釈）
- 読みの単元は時間数を増やす。
- 書く単元は2時間減らし，内容を焦点化して指導する。
- 話す・聞く単元は，同じ時間数または増やして丁寧に指導する。

2学期	10月	「読んで考えたことを書こう」(どうぶつ園のじゅうい)	12	10（-2）
		「音読げきをしよう」(おてがみ)	12	14（+2）
		(かん字の読み方)	2	2
		(秋の日)	1	1
	11月	「しょうかい文を書こう」(友だちのこと，知りたいな)	8	6（-2）
		(かたかなのひろば②)	2	2
		「読んで，せつめいのしかたを考えよう」(おもちゃの作り方)	6	8（+2）
	12月	「図書館のひみつをさぐろう」(きみたちは，図書館たんていだん)	6	6
		「お話のじんぶつと自分をくらべて読もう」(わたしはおねえさん)	12	14（+2）
		(かん字のひろば④)	2	2
		(たのしい冬)	1	1
3学期	1月	「詩をたのしもう」(だれかしら)	2	2
		「ことばについて考えよう」(ようすをあらわすことば)	4	3（-1）
		「詩を書こう」(見たこと，かんじたこと)	5	4（-1）
		「聞いてたのしもう」(三まいのおふだ)	1	1
		「知っていることとつなげて読もう」(おにごっこ)	12	12
	2月	「すすんで考えを出し合おう」(みんなできめよう)	6	8（+2）
		(かん字のひろば⑤)	2	2
		(なかまのことばとかん字)	2	2
		「読んだお話を紹介しよう」(スーホの白い馬)	16	18（+2）
		(ことばを楽しもう)	1	1
	3月	「文章を作ろう」(楽しかったよ，二年生)	12	10（-2）
		合計時間数	231	236（+5）

> 読みの指導は，語句の意味や心情理解について時間数を増やして丁寧に指導する。

> 児童の実態に合わせて，特に説明文や物語文の読解指導を丁寧に指導するために，総授業時数を5時間増やした。一方，書く力は，読解指導の中で焦点化して指導するので，書く単元は時数を減らした。

B小学校の自閉症・情緒障害特別支援学級における知的発達が標準であるグループの算数科年間指導計画

在籍児童…A児（2年），B児（2年），C児（2年）

学級の指導方針…①位取りを正しく理解し，2桁の加法，減法の筆算や文章問題が解けるようにする。
　　　　　　　　②かけ算の意味を理解し，かけ算を覚えて生活の中で使えるようにする。

学期	月	単元名	通常の学級での配当時間	自閉症・情緒障害特別支援学級での配当時間
1学期	4月	表とグラフ 時間と時刻	4 5	3（－1） 5
	5月	2桁の足し算（筆算） 2桁の引き算（筆算）	10 9	10 11（＋2）
	6月	長さ①（cm，mm，計算） 100より大きい数	9 11	9 12（＋1）
	7月	たし算とひき算（2桁＋2桁） （3桁－2桁）	10	10
2学期	9月	水の量（ℓ，dℓ） 三角形と四角形	10 10	8（－2） 8（－2）
	10月	かけ算（2，3，4，5の段）	21	21
	11月	かけ算（6，7，8，9の段） 九九の表づくり	17 5	20（＋3） 5
	12月	長さ②（m，km）	6 4	5（－1） 3（－1）
3学期	1月	図を使って考えよう 1000より大きい数	5 8	5 10（＋2）
	2月	はこの形	6	6
	3月	2年のまとめ	8	10（＋2）
		合計時間数	158	161（＋3）

特に2桁の繰り下がりのある引き算を丁寧に指導する。

6〜9の段を丁寧に指導する。

位取りや読み書きを指導する。

10進法を理解し，正しい計算ができるようにしたり，かけ算の意味理解を促したりするために時間数を増やした。一方で，図形や量の授業時数を減らすように指導計画を作成した。

個別の指導計画の作成例

B小学校自閉症・情緒障害特別支援学級　2年C児の個別の指導計画

長期目標

国語	①話す・聞く	・友達の意見を参考にして，自分の考えを伝えることができる。 ・「いつ，どこ，だれ，どうした」の観点を取り入れてスピーチができる。
	②読む	・読み飛ばしや読み間違いに気をつけて音読する。 ・物語文では，視覚的な手がかりをヒントにして登場人物の心情の変化を考えることができる。
	③書く	・漢字の細かいところに気をつけて正しく書く。

算数	①数と計算	・計算の仕方を身につけて，説明することができる。
		・かけ算の意味を理解し，文章問題を解くことができる。
	②図形	・箱の形の展開図を書くことができる。
	③時刻と時間	・〜分前，〜時間〜分後の意味を理解し，生活の中で使うことができる。
	④量と単位	・単位の換算の意味を理解し，量の計算ができる。

短期目標（1学期6月）

	指導目標	実　態	手立て	評　価
国語	①大事なことを落とさずに話すことができる。 ②「スイミー」をスラスラ音読し，心情の変化を理解する。	①何をどのように話せばよいのかわからない。 ②文末の読み間違いが多い。 文章を読んで心情の変化を理解することが難しい。	①友達の発表や話形を参考にする。 ②文末の語句や文節を区切ったり，マーカーをつけたりする。 視覚的な教材や動作化を取り入れる。	①友達の発表をよく聞いて，同じ話形で発表することができた。 ②音読の前に文末に注目するようにマーカーをつけておくと，自分で気をつけて読むことができた。 スイミーになって動作化し，心情を言葉で言うことができた。
算数	①位取りを正しく理解し，2桁の加減法の筆算ができる。計算の仕方を説明できる。 ②100より大きい数の位取りを理解し，正しく読み書きができる。	①繰り上がり，繰り下がりの計算で間違いがある。 ②大きな数を言葉で表したり，正しく読み書きしたりすることが難しい。	①計算の手順やポイントを視覚的に示す。 ②位取りカードやお金を活用する。読み書きの練習をする。	①計算の手順を繰り返し唱えて覚えた。その後は，自分で手順を言いながら計算することができた。 ②位取りカードを見ながら3桁の数字を読んだり書いたりできた。特に0が入るときには，その都度位取りカードを使って説明することができた。

（菅原眞弓・廣瀬由美子）

第2章 特別支援学級〈国語・算数〉授業づくりの流れ

　特別支援学級における国語科・算数科の授業づくりは，学習指導要領と一人一人の個別の指導計画を根拠として，次のようなプロセスを大切にしながら進めていく。

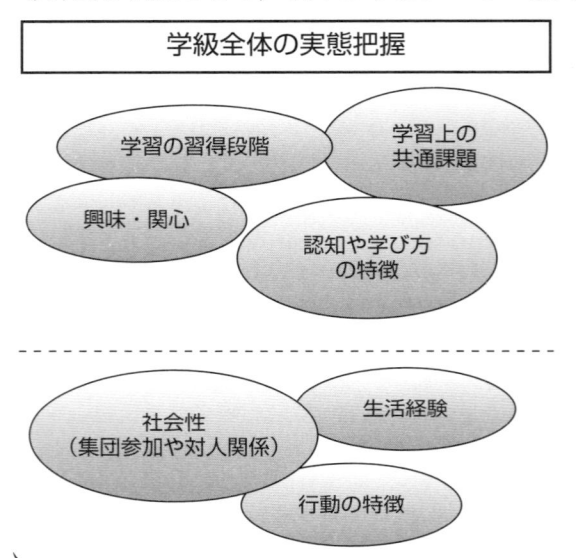

学級全体の実態把握

- 学習の習得段階
- 学習上の共通課題
- 興味・関心
- 認知や学び方の特徴

- 社会性（集団参加や対人関係）
- 生活経験
- 行動の特徴

　まず初めに，一人一人の実態から左図の観点に基づいて学級全体の実態把握を行う。例示の特別支援学級では，4人の学力は概ね2年生程度，学習上の共通課題は「読みの弱さ」を挙げることができる。

　また，知的障害特別支援学級で学ぶ児童は，生活経験が少ない，興味・関心の幅が狭い，見通しをもちにくい，記憶することや抽象的な事柄を理解することは難しい等の学習上の特徴を理解した上で，集団参加や対人関係についても実態を把握しておく。

　以上のような学級全体の実態把握を行った上で，以下のような児童が在籍している知的障害特別支援学級の国語科の指導を例示して説明していく。なお，ここでの説明は，第3章の実践例につながる。

国語科指導の実際

○○小学校　□□知的障害特別支援学級　国語科の個別の実態

A児2年（1年生の目標相応）
意味理解は良いが，読み書き，聞くことが苦手。注意・集中が難しい。

B児3年（1年生の目標相応）
ひらがなは書けるが，漢字や文章読解が苦手。場の理解が難しい。

C児4年（2年生の目標相応）
簡単な漢字を書き，簡単な文章理解はできる。見通しがもてず，不安強い。

D児3年（2年生の目標相応）
ひらがなと簡単な漢字，日記を書く。読みは苦手。適応は良い。

学級全体の実態把握ができたら，次に年間の指導方針を考える。左図に応じて次のように考える。

学級全体における国語科指導方針の決定

【国語科の指導内容】
「話す・聞く・読む・書く」の4領域

↓

①学級全体の実態に基づいて，**重点的に指導する指導内容**を決める。
②さらに1年間で重点的に指導する**具体的な指導内容と指導方法**を絞り込む。
③**基礎的・基本的な指導内容，思考力・判断力・表現力の育成**についても検討する。

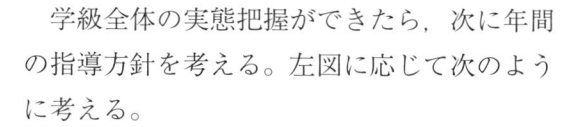

①□□特別支援学級では，4名の児童の実態から，2年生の国語科「読み」の指導内容を重点的に指導することにした。
②文や文章を音読し，視覚的な教材や体験活動を通して内容理解ができるように促す。
③そのために，語彙を増やしたり，文法を身につけたりして基礎的・基本的な力を高めるとともに，思考力や判断力，表現力を養うための教材を検討する。

さらに，「話す・聞く・読む・書く」の指導内容は，繰り返しの指導を通して定着を図り，日常生活の中で活用できるようにすることが重要である。

↓

国語科年間指導計画の作成

①指導内容の軽重をつける
（時数の増減）

②段階的，系統的な指導を心がける

③他教科や領域，交流及び共同学習との関連性を図る

④必要なら下学年の教科書（教材）の使用を検討し，目標の整合性を図る　その際は，学年（生活年齢）への配慮を行う

年間指導計画作成における重要なポイント
①指導方針に基づいて，重点的に指導する内容と簡単に扱う内容については，指導時間数の増減を検討する。
②前年度からの指導，あるいは学期が進むごとに段階的で系統的な指導になるよう心がける。
③他教科や領域，交流及び共同学習との関連を重視し，指導の組織化を図る。
④必要なら，下学年の教科書（教材）を使用するなどして，一人一人の学力に応じた指導を進めるが，その際，生活年齢への配慮として，例えば教科書の物語文や説明文をパソコンで打ち直して，単元ごとに学習ファイルを作成していくことも必要である。

↓

単元の設定の理由

1. **学習指導要領**の指導目標との関連
2. 学級の**指導方針**との関連
3. 単元を通して**身につけさせたい力**
4. 教材解釈
   - 興味・関心
   - 学習経験
   - 指導内容（身につけさせたい力）
   - わかりやすさ
   - 指導方法
   - 他教科・領域との関連
   - 段階的・系統的な指導

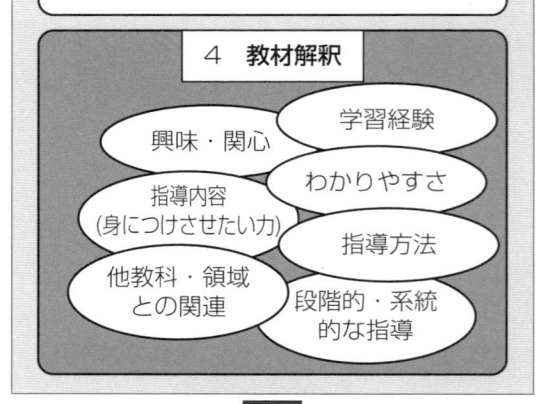

単元の設定は、学習指導要領における該当学年の指導目標を根拠とするが、学級の国語科指導方針との関連も大切にしていく。

特に重要なことは、単元を通して児童に身につけさせたい力はどんなことか、単元が終わったときにどんな力がついていればよいのかを明記することである。

教材解釈の観点は、左図の通りである。児童の興味・関心や学習経験に触れながら、教材のわかりやすさ、指導内容、指導方法について記述する。

さらに、前の単元から今後の学習へのつながりについても、他教科や他領域との関連や、指導内容が段階的で系統的になっているかなどを記述しておく。

単元の指導計画

① 目的や意欲づけ、見通しをもたせる
② 必要なら単元内でも指導内容に軽重をつける
③ スモールステップで学習活動を計画する
④ 繰り返しの学習を取り入れる
⑤ 導入→展開→まとめ→活用といった流れを理解させる
⑥ 他教科・領域との関連性を図る

① 単元の最初では、何のためにこの学習をするのかという目的意識とともに、児童が学ぼうとする意欲を高めていく。また、単元の最後では、学習したことをどのように活用するのか見通しをもたせる。
②③④ 単元全体の中でも重点的に指導する内容は時間数を増やす。基本的にスモールステップで活動の段階を上げながら、繰り返しの学習を随時取り入れて基礎・基本の定着を図る。
⑤ 単元全体を通して導入から活用までの流れを計画し、児童自身が見通しをもてることが大切である。
⑥ 他教科・領域との関連を大切にして、組織的な学習ができるよう計画し、総合的な力を身につけさせることが大切である。

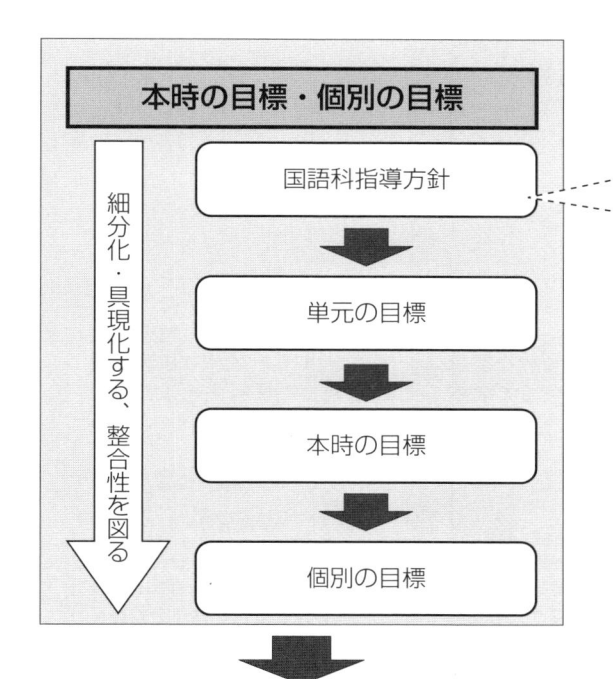

本時の目標・個別の目標

国語科指導方針
↓
単元の目標
↓
本時の目標
↓
個別の目標

細分化・具現化する、整合性を図る →

> 学級の指導方針から個別の目標までの一貫性や整合性が図られていることにより，本時間の目標が焦点化され，児童にはわかりやすいものになる。

> 目標は，単元→本時→個別と下へ行くほど，より具現化・細分化された内容になる。

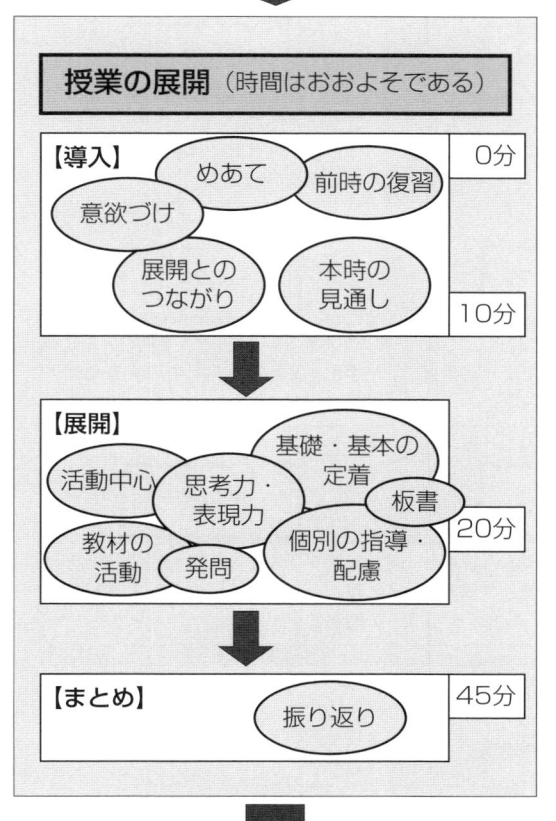

授業の展開（時間はおおよそである）

【導入】　0分
- めあて
- 前時の復習
- 意欲づけ
- 展開とのつながり
- 本時の見通し
　10分
↓
【展開】
- 活動中心
- 思考力・表現力
- 基礎・基本の定着
- 板書
- 教材の活動
- 発問
- 個別の指導・配慮
　20分
↓
【まとめ】
- 振り返り
　45分

> 【導入】児童が，本時のめあてや流れを理解し，学習への意欲を高めるような工夫が必要である。また，前時の学習を復習させ，本時の展開とつなげていく役割もある。

> 【展開】発問に対して考える，友達と意見交換をする，教材や板書を手がかりにして問題解決をするなど，学習活動を通して本時のねらいを達成していく過程であるが，ここでも学級の実態に応じた工夫や配慮が必要になる。さらに，基礎・基本の定着を図るために，必要なら個別の指導も行う。

> 【まとめ】めあてに戻り本時の学習を振り返りをするが，自己評価も取り入れて自己肯定感を育むことも大切である。

学び方の特徴に応じた授業の展開例

児童一人一人の思考スタイルに応じて，本時の展開を考えていく。例えば国語の読解指導では，次のような展開が考えられる。

A 物語文を読んで内容理解ができ，共有化もできる場合	B 書かれている内容を文章から理解することは苦手だが，具体物や視覚的な教材を活用して理解することができる場合	C 登場人物の心情について文章を読み取って理解することは苦手だが，体験活動を通して理解することができる場合

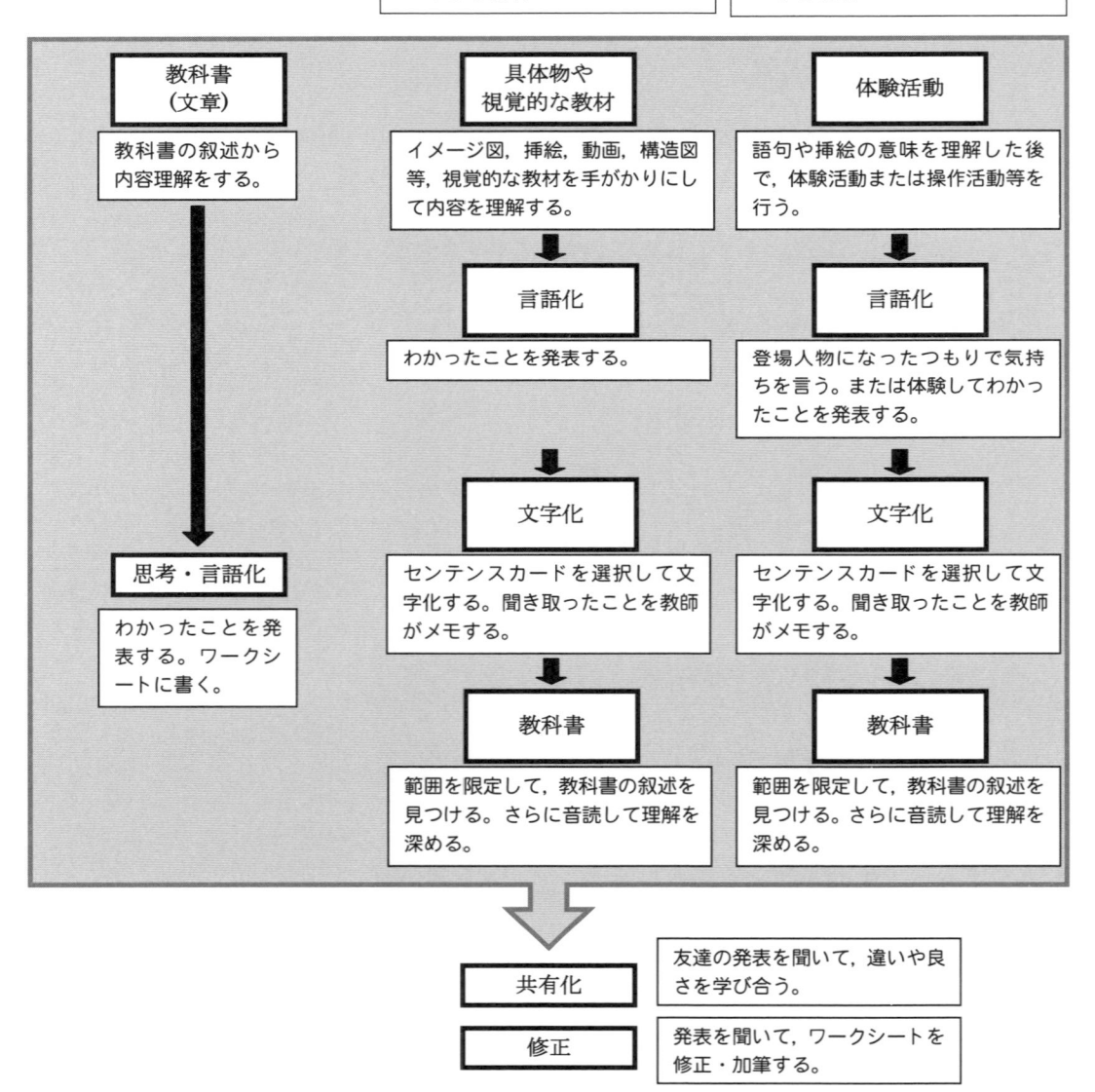

教科書（文章）
教科書の叙述から内容理解をする。
↓
思考・言語化
わかったことを発表する。ワークシートに書く。

具体物や視覚的な教材
イメージ図，挿絵，動画，構造図等，視覚的な教材を手がかりにして内容を理解する。
↓
言語化
わかったことを発表する。
↓
文字化
センテンスカードを選択して文字化する。聞き取ったことを教師がメモする。
↓
教科書
範囲を限定して，教科書の叙述を見つける。さらに音読して理解を深める。

体験活動
語句や挿絵の意味を理解した後で，体験活動または操作活動等を行う。
↓
言語化
登場人物になったつもりで気持ちを言う。または体験してわかったことを発表する。
↓
文字化
センテンスカードを選択して文字化する。聞き取ったことを教師がメモする。
↓
教科書
範囲を限定して，教科書の叙述を見つける。さらに音読して理解を深める。

↓
共有化　友達の発表を聞いて，違いや良さを学び合う。
修正　発表を聞いて，ワークシートを修正・加筆する。

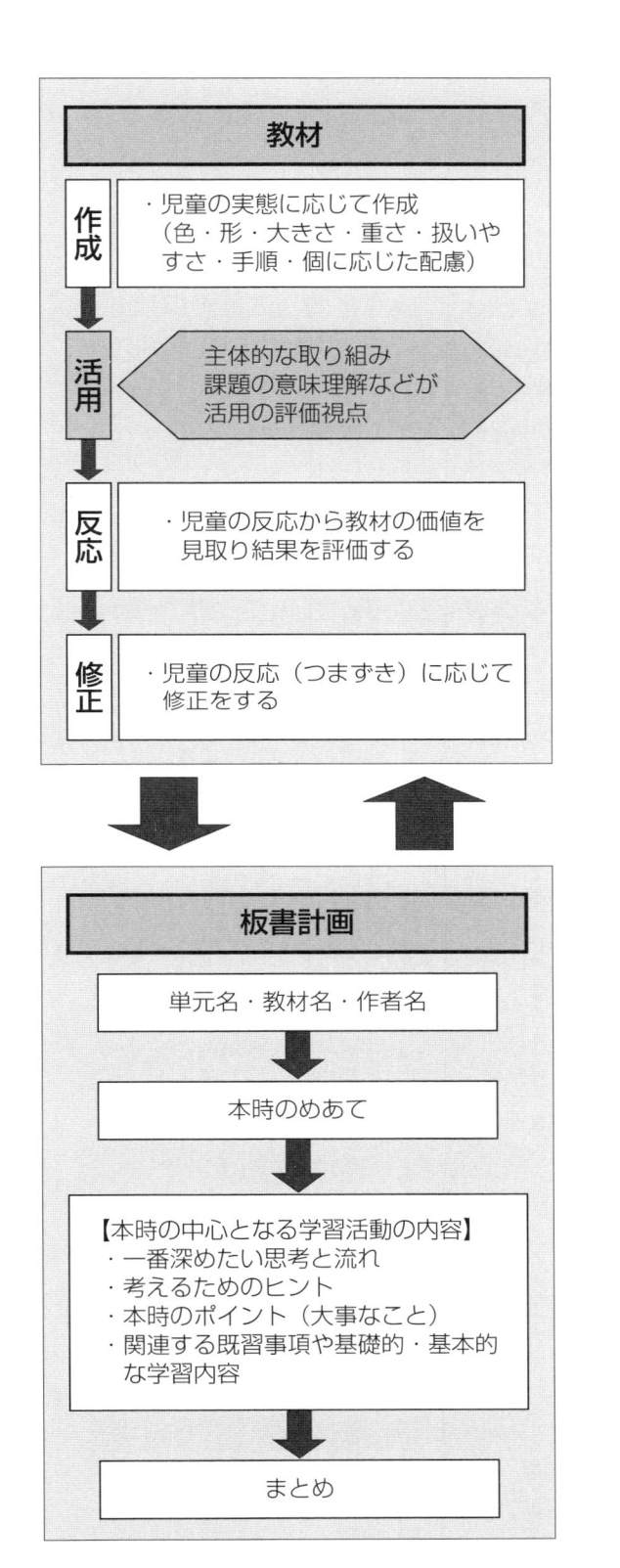

教材は，児童の実態に応じて作成することが基本であるが，本時のねらいを達成するためのものであることを忘れてはならない。

教材の作成には，色，形，大きさ，重さ，量，扱いやすさ，操作手順など，児童の実態に十分に配慮する。さらに，どんな目的で，どのような場面でどのように活用するのかを検討しながら作成することが重要である。また実際に活用した際には，児童の反応を細かく見取り，つまずきに応じて修正していく。反応→修正を繰り返すことにより，教材が児童の実態により近づいていく。

まず，毎時間単元名(教材名や作者名)を書くことにより，児童はつながりのある学習だということが理解できる。単元名を書いた短冊を用意しておくのも一つの工夫ある。

本時のめあては，1時間の学習を通して身につけさせたい目標である。従って，達成可能で具体的な内容を示すことになる。授業の最後に何が言えればよいのか，何が書ければよいのか児童自身が理解できるように示すことが重要である。

本時の中心的な活動の内容では，情報量に配慮して板書する。図や写真，表などを活用して視覚的にわかりやすく提示することや思考を深めるためのヒントや本時のポイントもあると活動しやすくなる。

まとめは，振り返りをしながら，児童自身の言葉や文字でまとめていくことが大切である。

（菅原眞弓・廣瀬由美子）

教材

作成
・児童の実態に応じて作成
（色・形・大きさ・重さ・扱いやすさ・手順・個に応じた配慮）

活用
主体的な取り組み
課題の意味理解などが
活用の評価視点

反応
・児童の反応から教材の価値を見取り結果を評価する

修正
・児童の反応（つまずき）に応じて修正をする

板書計画

単元名・教材名・作者名

↓

本時のめあて

↓

【本時の中心となる学習活動の内容】
・一番深めたい思考と流れ
・考えるためのヒント
・本時のポイント（大事なこと）
・関連する既習事項や基礎的・基本的な学習内容

↓

まとめ

コラム①

特別支援学級と特別支援学校のいい連携づくり

　平成19年４月に養護学校は特別支援学校という名称になった。学校の名称が変わり，地域の特別支援教育をリードすること，センター的機能を果たすことが強く求められるようになった。
　特別支援学校では，特別支援学校に通う子どもたちだけでなく，地域に住む全ての障害のある子どもたちの生活や教育に目を向け，小・中学校等を支援する体制を整えてきた。区市町村教育委員会との連携の中で，地域の小・中学校等のニーズに応えながら，現在たくさんの取り組みが行われている。特別支援学校が地域で果たすセンター的機能の内容は様々であり，特別支援学級との連携では，次のようなことが行われている。

■ 巡回相談

　地域の小・中学校の求めに応じて，または教育委員会等の巡回に同行するなどして，特別支援学校の教員が特別支援学級を訪問している。授業を参観して，学習の内容や方法について助言する。
　実際の授業場面を見ることで，環境設定や学習の内容・方法が児童生徒の実態に合ったものであるかを確認することができる。教員の声の大きさや発問の仕方，児童生徒同士の関わりなど，細かい部分まで観察できるので，具体的に助言できるのが巡回相談の良さである。

■ 小・中学校での研修会，学習会，出前授業

　特別支援学校の教員が地域の小・中学校に出向いて，教員研修や保護者向け学習会の講師を務めている。授業研究での助言，特別な支援が必要な児童生徒のキャリア教育や進路についての話を求められることが多い。小・中・高・卒後の長期にわたる発達や生活を見通した中での，今の学習や生活についてお伝えすることができるからであろう。
　また，授業研究・授業提案の中で，特別支援学校の教員が特別支援学級をお借りして授業を行う出前授業の実施もある。特別支援学校の教員が，特別支援学級の児童生徒と共に行う授業づくりを見ていただくことができる。

■ 特別支援学校が主催する研修会等の活用

　多くの特別支援学校が，地域の教員や保護者を対象にした特別支援教育関連の講演会等を行っている。特別支援学校の教員が講師を務めるもの，医師や大学教授他の専門家を迎えて行うものなど様々であるが，障害理解や指導力・授業力の向上を目的として行っている。
　特別支援学校の校内研修等を地域の教員に公開しているところもある。町田の丘学園では，教員が講師を務めて夏季休業中に行うワークショップ10〜15講座を，町田市内の特別支援学級教員にも公開している。教材作りや実技研修等を一緒に行い，情報交換の場にもなっている。

■ 特別支援学校の授業公開

　行事や学校公開日はもちろんのこと，多くの特別支援学校は，日常的に授業を公開している。各学級の児童生徒の実態に合わせて整えた教室環境の設定や学習グループのいろいろ，学習の内容や方法，その時々の児童生徒への対応の仕方などの，様々な状況を見ていただくことができる。どのような教材教具を用意して，どのように提示しているのかなど，たくさんの具体的な場面を見ることができるのが，授業公開の良さである。

■ 各種相談・情報等の共有

　特別支援学校では，特別支援学級の教員・保護者からの相談を受けている。児童生徒の行動や学習について，医療や福祉との連携について，進路について，保護者・担任との連携の仕方について，教材・教具について，個別の教育支援計画や個別の指導計画の作成・活用についてなどなど。特別支援学校がもっている情報等を共有している。

　相談を受けた後に，特別支援学校の教員が小・中学校を訪問して巡回相談を行ったり，特別支援学級の教員・保護者に来校・参観していただいたりすることも多い。

　特別支援学級との連携が深まる中で，これらのことが，特別支援学校にとっても重要であることがわかってきた。

　地域の小学校から特別支援学校の中学部に，地域の中学校から特別支援学校の高等部に多くの子どもたちが進学してくる。地域の特別支援学級での学びを知ることが，特別支援学校の児童生徒を知ることにつながる。地域の特別支援学級での学習や生活を支援することで，児童生徒のその後の学校生活や将来の生活が大きく変わってくる可能性がある。

　また，特別支援学校で学ぶ力をつけた児童が，地域の小・中学校に転校することがある。地域の学校で，その児童生徒が学ぶための体制・準備が整ったことで受け入れが可能となり，特別支援学校から地域の小・中学校に転校していくケースもある。特別支援学校と地域の特別支援学級との連携が密であることで，本人も保護者も安心して地域に戻ることができる。子どもたちの学びの連続性を保障するためにも，特別支援学級と特別支援学校の連携は大切である。

　特別支援教育は，支援の必要な子どもたちをチームで支えることが基本である。特別支援学級の子どもたちの指導・支援チームの中には，地域の特別支援学校教員も含まれている。特別支援学校の有する資源を知り，有効に活用していただきたい。

（前田真澄）

コラム②

専門家とのいい連携づくり

　教師の方々に鍛えていただきたい力として，授業力はもちろんのこと，児童に関する観察力をあげたいと思う。授業をしながら子ども一人一人を観察することによって，子どもの心的状態，特に，授業への関心の度合いと注意の向け方，理解力，そして達成感を授業の中でもつことができているかどうかを，読み取っていただきたい。どの位挙手するか，挙手するがあたると忘れてしまう，それでもまた挙手する，時々挙手する，全く挙手しない，といった特徴は比較的気づきやすいのではないかと思う。よそ見をしている，ぼーっとしている，などの行動が気になった場合，どう働きかけるのがよいだろうか？　注意を向けさせるには，名前を呼ぶのがよいか，その子が答えられそうな質問をふってみるのだろうか？

　書く時間には，どの程度書けているか，どんな書き方をしているか，書けずに困っているのか，誰かのノートを見ながら書こうとしているのか，書くのにかかる時間などの観察が必要である。

　子どもが授業への参加意欲をもち，興味をもち，理解しやすく，もっと知りたい，わかってうれしいという思いをもっていると実感できるような授業を目指し，教師自身が子どもの理解を深めることに喜びを感じることが大事だと思う。

　授業を児童の理解力に合わせて組み立てていく時には，子どもの授業内容の理解の度合い，その子どもが自分なりに使っている思考の方略などをつかんでいると，一人一人の子どもへの支援の方向性が見つかりやすく，授業改善の指針を立てやすくなると思われる。

　個別の子どもへの配慮と授業全体の指導計画が絡み合って授業が進んでいくように計画することを目指したい。そのために，授業観察での子どもの様子に加えて，子どもの知能検査や行動観察を基に，その子の苦手さがどこにあるのかを考え，どう支援するかの方向を考えるお手伝いをさせていただくのが，特別支援教育士や心理士，言語聴覚士の仕事だと考えている。

　国語の学習は，言語とコミュニケーションの力を育てるものであってほしい。言語力は，情報を整理し，考える力をつけ，人に自分の考えを伝えるためになくてはならない力である。

　授業は，聞くことが基本で，聞いて理解することが前提である。さらに，読む力，書く力，そして，発言する際は，話す力も必要である。

　聴覚的ワーキングメモリーが弱い子も理解できるように，短い文を用いて，わかりやすく繰り返し話す，それがどこに書かれているかを示すといったことは基本的な配慮である。板書は，どこが大事であるかがわかりやすく示されることが必要である。

　ADHD，ASDなどの子どもは，読み書きに何らかの問題をもっていることが多いので，読みの遅れ，書きに関する問題を整理して捉えておくと，授業の中でも児童のつまずきの有無や，どこでつまずいているかが理解しやすいと思われる。

　ASDの子どもは，読めても読解はできていないといった問題をもっている場合がある。意味内容の受け取り自体が，ずれてしまう場合があるからで，これは，会話で文脈に応じた理解が苦手である

こととも関係する。本人が伝えたい内容とはずれた表現をすることにも関連があると考えられる。

　ADHDの子どもは，衝動性や不注意の影響もあり，しっかり文字を追えずに大まかに捉えて単語を読み間違えて，意味を取り違えてしまうことがある。

　このような読み間違えが起こる理由に合わせて，支援の方法を変える必要がある。

　視覚記号である文字を音に変換する，音を文字に変換すること自体に時間を要するという問題をもっている読み書き障害の子どもの場合は，授業の場で文字の学習自体を進展させることは考えない方がよいと思われる。予習によって音読は，記憶の力を借りて行い，補助的手段の利用で読む箇所をわかりやすくし，授業の中では，文意を取るだけにするなどその子の参加目的をしぼっていく方がよいと思われる。

　ワーキングメモリーが弱い場合は，読解力に配慮と支援が必要となる。読解力に加えて理解語彙の量とそれを使って考えることができるかどうかについても，みていくことが必要である。語彙自体を増やすにはどうすればよいか，行動的な意味に直結させると覚えられるのか，興味関心の高いものと結びつけるようにすると頭に入りやすくなるのか，と考えつつ，授業の中で発言の機会をつくってみるとよいと思われる。

　書字については，視覚的認知，構成などの問題なのか，形の記憶自体が弱いのかを分析することが必要である。漢字の形態を覚えるには，どういうサポートをしたら覚えやすいか，これもまた，その子の認知の傾向から検討することが必要である。

　このような知識をもっておくことで，授業を行っていく中で，児童の応答や書字や作文から，聴覚的ワーキングメモリーが弱いのか，視覚的認知が弱いのか，不注意の問題が影響しているのか，といった見当がつきやすくなると思われる。

　日常の行動やコミュニケーションの際，５Ｗ１Ｈを念頭におきながら，行動計画を立て，行動の振り返りをするように意識して，人に伝えるようにすると情報を整理しやすくなると思われる。５Ｗ１Ｈは文から情報を読み取るための観点としても有効である。これは，衝動性の高い子に，考えてから行動する習慣をつけていくためにも有効であると考えている。

　論理的思考をする習慣がついていると，読み取りの力もつきやすい。このことは，算数の文章題を読み解く力にもつながるであろう。ワーキングメモリーは算数の能力とも関係し，意味的な理解ができると，ワーキングメモリーが低くても課題への取り組みが良くなる場合もある。この場合は，日常の生活においても困り感が減ると思われる。検査でワーキングメモリーが高く出ても，衝動性が高いと生活では困る場合もある。

　授業に子どもの認知特性を考慮した支援を取り入れるべく検討を重ねていく際に，支援会議など，お手伝いさせていただける場があるとより良い支援につながると考えている。

（宇賀神るり子）

〈参考文献〉

- 文部科学省『小学校学習指導要領』（2008）東京書籍
- 文部科学省『小学校学習指導要領解説　総則等編』（2008）東洋館出版社
- 文部科学省『小学校学習指導要領解説　国語編』（2008）東洋館出版社
- 文部科学省『小学校学習指導要領解説　算数編』（2008）東洋館出版社
- 文部科学省『特別支援学校学習指導要領解説　自立活動編』（2009）海文堂出版
- 文部科学省『特別支援学校学習指導要領解説　総則等編（幼稚部・小学部・中学部）』（2009）教育出版

- 全国特別支援学校知的障害教育校長会編著・全国特別支援学級設置学校長協会協力『特別支援教育Ｑ＆Ａ　支援の視点と実際』（2009）ジアース教育新社
- 独立行政法人国立特別支援教育総合研究所著『特別支援教育の基礎・基本　一人一人のニーズに応じた教育の推進』（2009）ジアース教育新社
- 東京都教育委員会『特別支援学級（固定学級・通級による指導）　教育課程編成の手引』（2011）
- 全国特別支援学級設置学校長協会編『「特別支援学級」と「通級による指導」ハンドブック』（2012）東洋館出版社
- 大南英明編『特別支援学級・通級指導教室の魅力ある実践』（2010）教育出版
- 鹿児島大学教育学部　肥後祥治・雲井未歓・片岡美華・鹿児島大学教育学部附属特別支援学校編著『特別支援教育の学習指導案と授業研究　子どもたちが学ぶ楽しさを味わえる授業づくり』（2013）ジアース教育新社
- 佐藤曉著『入門　特別支援学級の学級づくりと授業づくり』（2012）学研教育出版
- 太田俊己監修・佐藤愼二編著『すぐに役立つ特別支援学級ハンドブック』（2011）全日本学校教材教具共同組合
- 廣瀬由美子「自閉症・情緒障害特別支援学級における課題の整理と実践への期待〜共生社会の形成を目指した自閉症教育を中心に〜」『特別支援教育研究』（2013年12月号）東洋館出版社
- 宮﨑英憲監修・特別支援教育の実践研究会編『〈特別支援教育〉個別の指導計画を生かした通知表記入例と文例集』（2012）明治図書

第3章

特別支援学級〈国語・算数〉授業づくりのモデルケース

- 知的障害特別支援学級〈国語〉……………… 48
- 知的障害特別支援学級〈算数〉……………… 66
- 自閉症・情緒障害特別支援学級〈国語〉……… 84
- 自閉症・情緒障害特別支援学級〈算数〉……… 96

先生はどんな子どもたちを担任されていますか？
特別支援学級での授業づくりは，担任することになった一人一人の子どもの実態を把握することから始めます。
特別支援学級の教育課程は，子どもの実態に合わせて特別に編成するのです！
個々の子どもたちの様子をとらえ，クラスの実態をつかんだら，そのクラスに合った指導計画を立てましょう。

本章では，具体的に，こんなクラスだったらこう計画を立てて授業をするよ…というモデルケースをご紹介しています。

知的障害特別支援学級

1 国語 説明文 「だれが，たべたのでしょう」(教育出版1年上)

学級の様子

4歳程度の学習段階

●A児（1年）男子　軽度知的発達遅滞
自分の名前に含まれているひらがなは読める。文章は自分では読めないが，聞いて覚えたり，写真や挿絵から状況を読み取ったりする力はある。

●つけたい力（長期目標）
ひらがなが読めるようになる。

1年生の目標相応

●B児（2年）男子　境界知能・多動
ひらがなが自分で読めるようになってきた。単語のまとまりで読むことはまだ難しい。聞いて理解したり，写真や挿絵から状況を読み取ったりする力はある。

●つけたい力（長期目標）
単語のまとまりで読むことができる。

2年生の目標相応

●C児（3年）男子　PDD・言語発達遅滞
文章は読むことができるが，そこに書かれてある内容を読み取ることは難しい。写真や挿絵などの視覚情報と文を照らし合わせながら学習している。

●つけたい力（長期目標）
文章量の少ない説明文の「問いの文」「答えの文」がわかる。

2年生の目標相応

●D児（6年）女子　軽度知的障害
ひらがな，カタカナは習得しており，自分で文は読めるが，単語や文の内容理解が難しい。写真や挿絵よりも動画を見ての理解の方が優位。

●つけたい力（長期目標）
学習している内容に興味を示す。
単語や文の意味理解ができるようになる。

学級における国語科の指導方針

　本学級は1～6年生の15名が在籍している。国語・算数の教科学習は課題別の3グループに分かれて行っている。本グループは，1年生1名，2年生1名，3年生1名，6年生1名の4名で構成されている。説明文の授業は，文章量が少なく，挿絵と文章のマッチングが可能なことや「問い」と「答え」の関係がはっきりしていることが児童の実態に合っているので，1年生の教科書を使って指導している。
　① 生活に必要な語彙を増やしたり，言葉の意味を理解したりする。
　② 話し手の方を向いて，話を聞けるようにする。
　③ 5W1Hを用いて，作文を書いたり，話をしたりできるようにする。
　④ 写真や挿絵，動画，具体物の操作などを通じて，文章の意味理解ができるようにする。

年間指導計画

時期	単元名	題材（○年・教科書）	時間数
4月初め	「自己紹介をしよう」（聞く・話す）		1時間
4月	「ことば遊び」（あたまに○がつく言葉，しりとり，なぞなぞ）		8時間
5月	「遠足の思い出を書こう」（書く） 「場面の様子を読み取ろう」（読む）	「みず」 版画　のはらうたⅡ	2時間※遠足 4時間
6月	「問いと答えを理解しよう」（説明文）	「くちばし」 教育出版1年上	6時間
7月	「1学期の復習」		2時間
9月	「夏休みの話をしよう」（聞く・話す）		2時間
10月	「マス釣りの思い出を書こう」（書く）		2時間※校外学習
11月	「群読をしよう」（読む）		7時間※交流
12月	「問いと答えの関係を知ろう」（説明文）	「だれが，たべたのでしょう」 教育出版1年上	6時間
1月	「群読をしよう・発表会に向けて」（読む）		10時間※群読発表会
2月中～ 3月初め	「6年生を送る会に向けて」（読む） 「くりかえし読みを楽しもう」（読む）	「大きなかぶ」 教育出版1年上	10時間※6年生を送る会，お別れ会 6時間
3月初め ～中旬	「文集を作ろう」（書く）		4時間

本単元について

● 単元設定の理由

教材「だれが，たべたのでしょう」は，「問いの文」「答えの文」がはっきりしてわかりやすく，生き物を扱っていることから児童も身近に感じ，親しみやすい教材である。生活科で「まつぼっくり」や「木の葉」を見つけに行ったり，生活単元学習ではそれらを使って作品を作ったりした。また，歩行学習で高尾山に登った際にはムササビの巣を見つけるなど，他教科と結びつけて学習することによって文章の内容理解を深めることができる。

● 単元の指導計画

次	時	指導目標	主な学習活動
第1次	第1時～2時	学習内容に興味関心をもち，食べ物や動物の名前を覚える。	本文を紙芝居化したものを見て，全体の大まかな内容をつかむ。 実物のくるみや葉っぱ，まつぼっくりを見たり触ったりして，興味をもつ。
第2次	第3時～5時	文章と写真を結びつけながら，動物がエサを食べる様子を読み取る。	本文に出てくる動物が実際に食べる様子の動画を見てイメージをつかむ。 本文を動作化して，それぞれの動物の食べ方をつかむ。 「だれが」「なにを」「たべる」の文節に分け，文の成り立ちを理解する。
第3次	第6時	「問い」と「答え」の言い方を使って，クイズを出したり，答えたりできる。	「だれが，たべたのでしょう」カード（問いカード，答えカード）を作り，クイズ大会をする。

知的障害特別支援学級

国語 説明文「だれが，たべたのでしょう」（第2次第4時）
指 導 案

本時の目標
- 「だれが」「なにを」の文節を意識して，「問いの文」「答えの文」を作ることができる。
- 動作化を通して，りすがまつぼっくりを食べる様子を読み取ることができる。

本時の指導案

		学習活動	A児
			個人目標 周りの声を聞きながら，大きな声で役割読みをする。 しんを残すことを意識して動作化する。
関心 5分	説明内容への	1　授業開始のあいさつをする。 2　本時の予定を読んで見通しをもつ。 **こくご** 1，おんどく 2，ぶんをつくろう 3，りすになろう 4，こべつかだい	2☆大きな声でみんなと一緒に読めたら，おおいに褒める。
説明内容の理解 30分		3　本文の音読をする。　全文→りすの文だけ 4　まつぼっくりの写真とその様子の文を結びつける。 5　教科書の写真に「しん」はどこかを書き込む。 6　「だれが」「何を」の文節に気をつけて，「問いの文」「答えの文」の穴埋め問題をする。 7　「問いの文」「答えの文」で役割読みをする。 8　りすがまつぼっくりを食べる様子の動画を見る。 9　「まつぼっくり」の「しんをのこして，たねだけ」とってみる。	3○本文を目で追う。 　☆読んでいる部分を指で示す。 5○「しん」の部分を指で示す。 　☆指で示した部分に担任が「しん」と書き込む。 7○周りの声を聞きながら，役割読みをする。 9○「しん」を残す意味を理解しながら動作化する。 　☆まつぼっくりを投げないように見守る。
学習 10分	個別の課題	10　個別の課題をする。 11　授業終わりのあいさつをする。	10○単語カードと絵のマッチングをする。

● 本時の評価

- 「だれが」「なにを」のところに正しい単語カードを当てはめることができたか。
- りすがまつぼっくりを食べるように，動作化できていたか。

○＝子ども，☆＝個別の配慮

B児	C児	D児
個人目標 「だれが」「なにを」の文節に合う単語カードを選ぶことができる。 しんを残すことを意識して動作化する。	個人目標 「だれが」「なにを」の文節に合う単語カードを選ぶことができる。 しんを残すことを意識して動作化する。	個人目標 「問いの文」「答えの文」がわかり，音読できる。 しんを残すことを意識して動作化する。
		2☆個別課題ではプリントをやることを知らせ，安心感をもたせる。
3○指さし読みをしながら，どこを読んでいるのかわかるようにする。	3○指さし読みをしながら，どこを読んでいるのかわかるようにする。	3○指さし読みをしながら，どこを読んでいるのかわかるようにする。
5○「しん」の部分を指で示し，そこに自分で「しん」と書き込む。	5○「しん」の部分を指で示し，そこに自分で「しん」と書き込む。	4☆できる課題を設定して指名し，参加意欲を高める。
6○「だれが」「なにを」の文を作る。	6○「だれが」「なにを」の文を作る。	5○「しん」の部分を指で示し，そこに自分で「しん」と書き込む。
7○「問いの文」「答えの文」のどちらの役になったかがわかり，役割読みをする。	7○「問いの文」「答えの文」のどちらの役になったかがわかり，役割読みをする。	7○「問いの文」「答えの文」のどちらの役になったかがわかり，役割読みをする。
9○「しん」を残す意味を理解しながら動作化する。	9○「しん」を残す意味を理解しながら動作化する。	9○「しん」を残す意味を理解しながら動作化する。
10○物の名前と動物の名前をカタカナで書く。	10○「だれが」「どうした」の文をたくさん作る。(穴埋め)	10○「だれが」「どうした」の文をたくさん作る。(穴埋め)

知的障害特別支援学級

国語 説明文「だれが，たべたのでしょう」（第2次第4時）
授業記録

教師

今日の学習は，「だれが」「なにを」食べるお話ですか？

りすが，どのようにしてまつぼっくりを食べるのかをよく見て，動画を見ましょう。

発展問題
どうして，りすは「しんをのこしてたねだけ」を食べるのですか？

子ども

- A児　りすー！
- B児　りすが，まつぼっくりを食べるお話です。
- C児　りすが，まつぼっくりを食べる。
- D児　……。

- A児　いっぱい食べてねー。
- B児　初めて見たー。
- C児　へー，こうやって食べるんだー。
- D児　かわいい！

- A児　しんは，おいしくないから。
- B児　しんは，硬いから食べないんだと思います。

💡 本時の展開の工夫

りすがまつぼっくりを食べている動画を見るときに，どんなところに注目して見たらよいか声かけをしたり，一時停止をしたりしてイメージをつかませる。また，実際にまつぼっくりを触って，自分で「しんをのこす」動作をしてみることで，まつぼっくりの硬さを感じたり，「たねだけをたべる」という本文の内容にせまったりするように工夫した。

板書例

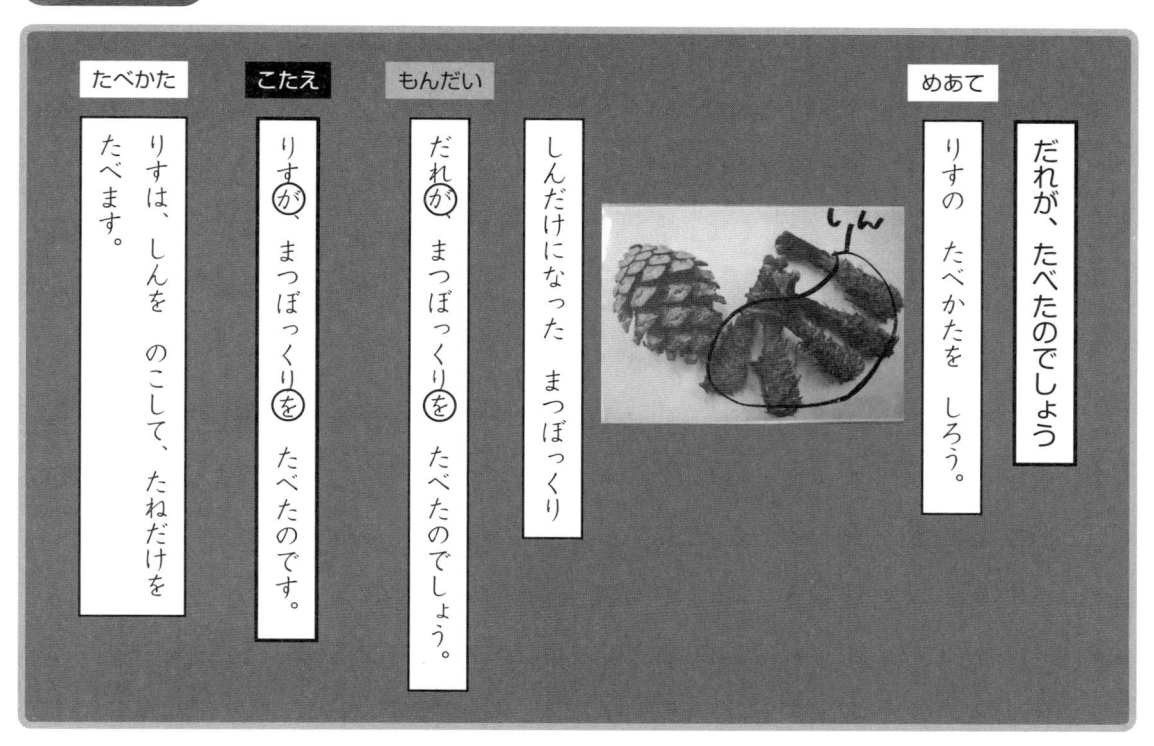

【めあて】りすの　たべかたを　しろう。

【めあて】だれが、たべたのでしょう

【もんだい】しんだけになった　まつぼっくり

【もんだい】だれが　まつぼっくりを　たべたのでしょう。

【こたえ】りすが、まつぼっくりを　たべたのです。

【たべかた】りすは、しんを　のこして、たねだけを　たべます。

板書のポイント

- 視覚情報をなるべく少なくし、りすの食べ方に焦点化した。
- 「問い」「答え」「食べ方」で色分けして、区別できるようにした。（単元を通して共通）

教材例

説明文全体の流れを大まかにつかむために、教科書だけでなく、全体を並べて目で見えるように紙芝居を作成した。

説明文全体を見通すための手立て

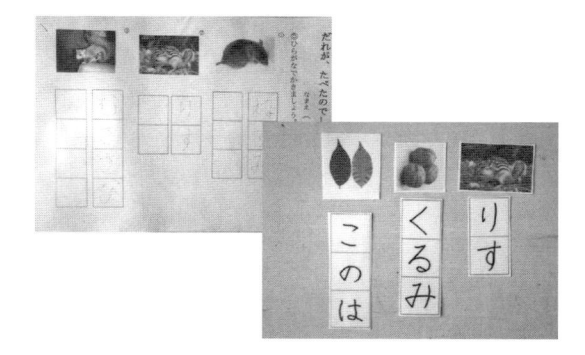

発達課題の大きく違う集団なので、個別に課題を設定した。写真と単語のマッチングやひらがな、カタカナの習得、「だれが」「なにを」「どうした」を使って文を作るなどの課題を設定した。

個に応じたワークシート

（山口理絵）

知的障害特別支援学級

2 国語 物語文 「お手がみ」 （教育出版1年下）

学級の様子

2年生の目標相応

● A児（2年）男子　ASD
音読は得意。文章読解，漢字学習はできる。聞く・話す・書く活動は苦手。多動性，衝動性強い。不安感とこだわりあり。集団活動は苦手。

● つけたい力（長期目標）
語彙を増やす。聞く・話す活動で参加できる課題を増やす。小集団で一緒に活動する。

1年生の目標相応

● B児（2年）女子　ASD
簡単な会話ができる。音読ができる。簡単な漢字も書くが，形が整わない。文や課題の意味理解が難しい。興味・関心の差が大きい。

● つけたい力（長期目標）
語彙を増やす。言葉や文の意味理解ができる。興味がない課題も自分の得意な所を活かして参加する。

1年生の目標相応

● C児（3年）女子　ADHD
簡単な会話はできる。文字の読み書きが苦手（長音，拗音）。注意・集中の持続が苦手。

● つけたい力（長期目標）
ひらがな，カタカナ，簡単な文章を書く。休憩を取りながら学習活動に参加する。

1年生の目標相応

● D児（2年）男子　知的障害
発音が不明瞭だが自分から積極的に話す。指示理解は個別に伝える必要あり。文字の読み書きが苦手（ひらがな，カタカナ）。生活力あり。

● つけたい力（長期目標）
ひらがなの読み書きができるようにする。自分から質問や支援の依頼ができるようにする。

学級における国語科の指導方針

　この学級には，2年生3名と3年生1名の計4名が在籍している。4名のうち，当該学年の目標及び学習内容が適当な児童は1名であり，他の3名は，その実態から下学年の目標や学習内容が適当であると想定された児童である。
　そこで，様々な教科書の学習材等を利用しながら，読み聞かせ，読書，言葉遊びなどを通して，生活に必要な語彙を増やし，題材の中から生活に必要な語句を取り上げて言葉の意味を理解したり，簡単な文の読み書きができるようにしたりして指導していきたいと考えた。

① 生活に必要な語彙を増やしたり，言葉の意味を理解したりする。
② 挿絵や操作活動を通して，5W1Hやあらすじ，心情理解ができるようにする。
③ 聞く・話す活動や操作活動を中心に置いて，読み書きの力を高める。
④ ヒントを活用しながら，簡単な文や文章が書けるようにする。

年間指導計画

時期	単元名	題材（○年・教科書）	時間数
4月初め	「自己紹介をしよう」（話す・聞く）		2時間 ※交流学級で自己紹介
4月	「ことば遊び」（しりとり，ことばの階段，クロスワードパズル） 「詩を読もう」（視写，暗唱，創作）	「しりとり」 教育出版1年上	8時間
5月	「絵と文で体験したことを書く」 「問いと答えを理解しよう」（説明文）	「くちばし」 教育出版1年上	2時間 6時間
6月	「くりかえし読みを楽しもう」（物語文）	「大きなかぶ」 教育出版1年上	8時間※宿泊学習
7月	「宿泊学習の絵日記を書こう」（作文） 「1学期の復習」		2時間 8時間
9月	「夏休みの話をしよう」（話す・聞く） 「問いと答えを理解しよう」（説明文）	「はたらくくるま」 光村図書1年上	2時間 8時間
10月	学芸会に向けて物語文の読解指導		12時間
11月	学芸会練習		10時間※学芸会
12月	「2学期の復習」		10時間
1月	「違いを比べよう」（説明文）	「どうぶつのおやこ」 光村図書1年上	10時間
2月中～ 3月初め	「登場人物の気持ちを考えよう」 （物語文）	「お手がみ」 教育出版1年下	9時間※学級のお別れ会で指人形劇を発表
3月初め ～中旬	「1年間の思い出を書く」（作文） 「1年間の復習」		4時間 6時間

本単元について

● 単元設定の理由

役割読み，挿絵の理解，指人形の操作活動などを通して，物語文のあらすじや登場人物の気持ちについて学ぶことができる単元を設定した。本題材は，児童が親近感をもちやすい小動物の気持ちが変化する様子が具体的に書かれているので，児童は視覚教材や体験活動を楽しみながら学習を進めることができる。

● 単元の指導計画

次	時	指導目標	主な学習活動
第1次	第1時	手紙や郵便配達について知る。	はがきや手紙の実物やビデオを見る。簡単な手紙を書いて配達する。
	第2時	教師が読む紙芝居を見て感想を言う。登場人物や場面設定を知る。	紙芝居を見て好きな場面を言う。絵を見て登場人物を発表する。語句の意味，漢字練習。
第2次	第3時	紙芝居を見て挿絵を順番に並べる。第1場面の内容を理解する。	挿絵を並べる。語句の意味，漢字練習。役割を決めて音読する。指人形を操作する。
	第4時 ～7時	第2～5場面の内容を理解する。	同上。段落ごとにポイントとなる台詞，表情，行動を表に書いておく。
第3次	第8時	登場人物の台詞，表情，行動などから心情の変化を理解する。	指人形の操作活動。インタビューを受ける。表を活用して，吹き出しに記入する。
	第9時	登場人物への思いや願いを書き表す。	登場人物に手紙を書く。各自読み上げて発表する。

知的障害特別支援学級

国語 物語文「お手がみ」(第3次第8時)
指 導 案

● 本時の目標
- 指人形やインタビューを通して，中心人物（がまくん）の気持ちを考える。
- 表を活用して，気持ちの変化について理解する。

● 本時の指導案

	学 習 活 動	A児
		個人目標 中心人物の気持ちを書く。表を活用して気持ちの変化を理解する。
導入 5分	1 授業開始のあいさつをする。 2 本時のめあてと予定を読んで理解する。 3 担当する段落や指人形の役割を相談して決める。 こくご 1，そうだん 2，ゆび人ぎょう 3，プリント 4，はっぴょう	3○教師に促されて自分の考えを伝える。 ☆指人形の担当を段落ごとに理解できるように掲示する。 ☆事前に指人形の操作や待ち時間のルールを確認する。 ☆A児は，初めと終わりの段落で登場人物を経験するように配慮する。
展開 30分	4 各段落ごとに指人形を操作した後に，教師のインタビューを受けて，登場人物の気持ちを伝える。 5 気持ちをワークシートの吹き出しマークに書く。 おわり ← 3 はじめ 挿絵／台詞・行動／気持ち 6 物語文の初めの気持ちと終わりの気持ちが変わっていることに気づき，発表する。	4○がまくんになって指人形を操作する。教師のインタビューに答えて，がまくんの気持ちを伝える。 ☆マイクを用意してインタビュー場面を演出する。 5○板書を見て視写する。 6○表を活用して，中心人物の気持ちが変わったことに気づく。
まとめ 10分	7 振り返りシートに書いて，本時のまとめをする。 8 教師の評価を聞く。 9 終わりのあいさつをする。	7○本時の学習で学んだことを穴埋め式の振り返りシートにまとめる。

本時の評価

- ワークシートに書いた気持ちや発表の内容から評価する。
- 振り返りシートに書いた内容から評価する。

○＝子ども，☆＝個別の配慮

B児	C児	D児
個人目標 中心人物の気持ちや変化の理由も発表する。	**個人目標** 中心人物の気持ちを詳しく言う。気持ちが変化した理由を，教師と一緒に教科書から見つける。	**個人目標** 登場人物の気持ちは，ヒントを手がかりにして言う。表を活用して気持ちの変化を理解する。
3○教師に聞かれて希望を伝える。友達の希望を聞く。	3○自分がやりたい役や段落の希望を伝える。友達と相談して，担当を決める。 ☆教師が司会をして，バランスよく担当を配分する。	3○自分から希望を伝える。友達の希望を聞いて，考えを伝える。
4○気持ちを込めて台詞を読む。 　教師のインタビューに答えて，中心人物の気持ちを言う。 ☆時々読み飛ばしがあるので，「。」までしっかり読むように伝える。 ☆友達が読んでいるときは，指でなぞるように伝える。 5○気持ちを文にするところを教師と一緒に考えてワークシートに書く。 ☆ワークシートに書いた後に，誤字脱字がないように教師と一緒に読み返す。 6○気持ちの変化を発表する。	4○気持ちを込めて台詞を言ったり，人形を工夫して操作したりする。中心人物の気持ちも自分で考えて言う。 ☆事前に漢字にはルビを振っておく。単語をひとまとまりずつ区切っておく。 ☆ナレーターも担当して，待ち時間がないように配慮する。 5○気持ちを考えてワークシートに書く。 ☆ワークシートに書いた後に，誤字脱字がないように必ず読み返すように伝える。 6○気持ちの変化や変化した理由についても発表する。教科書から理由が書かれているところを教師と見つける。	4○教師に補助をしてもらい，台詞を言う。登場人物の気持ちは，ヒントや選択肢を手がかりにして言う。 ☆教師が小さい声で台詞を言ってあげる。 5○板書を見て書き写す。 ☆板書のどこを見るのかわかるように，ワークシートと板書を同じ色にしておく。 6○表を活用して気持ちの変化に気づく。
7○振り返りシートに何を書けばよいのか課題の意味を教師に質問しながら記入する。	7○教師に振り返りシートを読んでもらい，課題の意味を理解してから記入する。	7○教師と言葉でやりとりしながら振り返りシートに記入する。

知的障害特別支援学級

国語 物語文「お手がみ」(第3次第8時)

授業記録

教師	子ども
がま君，一度もお手紙をもらったことがないのですね。どんな気持ちですか。	A児 くらかった。 B児 さびしかった。つまらない。 C児 どうしてぼくだけお手紙がこないのかとイライラしていた。 顔の眉毛が下がっている。 D児 さびしい。
がま君，お手紙をもらってよかったですね。今，どんな気持ちですか。	A児 明るい気持ち。 B児 うれしい。 C児 お手紙をもらうことができたので，喜んでいる。 顔が笑っている。 D児 うれしい。
発展問題 がま君の気持ちが変わったのは，何かきっかけ，理由があったからです。理由は何でしたか。	B児 かたつむりさんが，お手紙を持ってきてくれたからです。 C児 初めてお手紙をもらったからです。教科書○○ページ，○行目に書いてあります。

💡 本時の展開の工夫

中心人物の心情を理解するために，先に指人形の操作活動を取り入れた。操作活動（体験）…言語化…文字化…教科書のプロセスである。ただ，C児にとっては，操作活動も集中の持続の意味があり，D児にとっては文字からの読み取りは抽象的な課題なので，指人形は具体的でわかりやすいという意味がある。

板書例

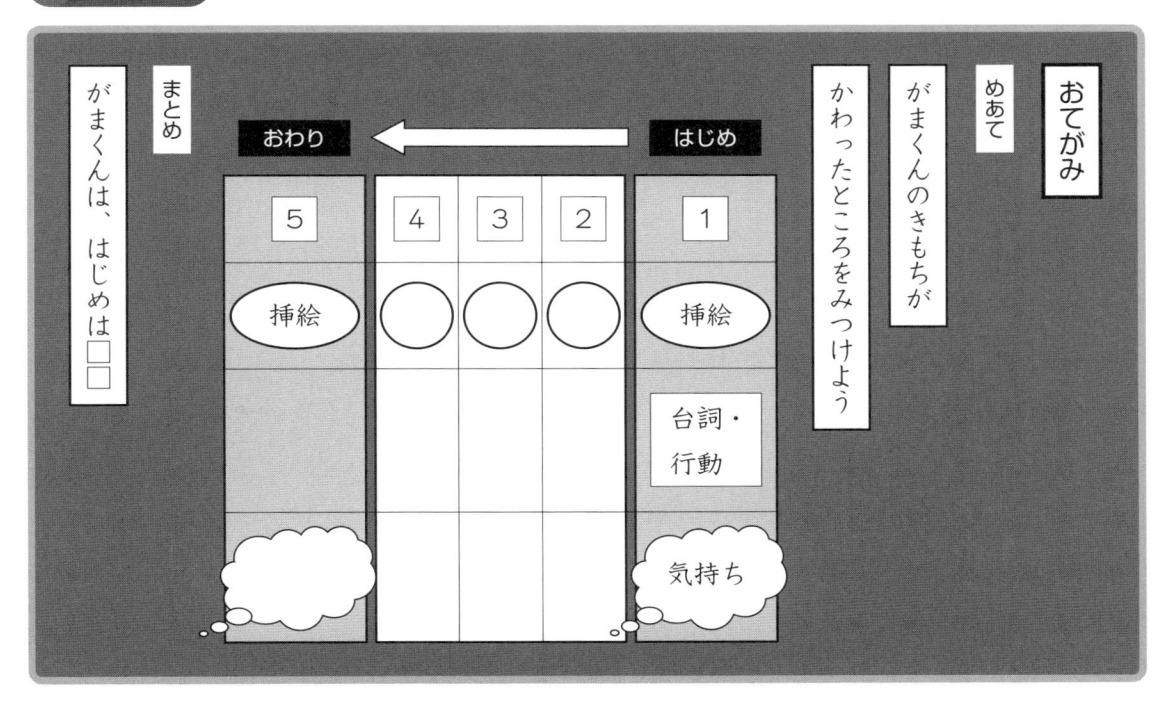

```
おてがみ  めあて  がまくんのきもちが　かわったところをみつけよう
                                        はじめ → ... ← おわり   まとめ   がまくんは、はじめは□□
```

（板書レイアウト：右から「はじめ」①挿絵・台詞・行動・気持ち、②③④、⑤挿絵「おわり」）

板書のポイント

- 心情の変化を挿絵，台詞を表にして理解できるようにした。
- ワークシートは，黒板と同じ表を使うようにした。

教材例

挿絵と要約文のマッチングの課題

第1次では，挿絵を活用して物語文全体のあらすじを理解していく。文字が読める児童には，センテンスカードのマッチング，文字が読めない児童には挿絵の説明をしてもらう。

場面の再構成

指人形劇を行う前には，まず絵カードで登場人物や場所などを考えて，話し合った上で場面を作ってもらう。挿絵を活用したり，教科書に書かれていることを参考にしたりして相談しながら場面を再構成する課題である。

（菅原眞弓）

知的障害特別支援学級

3 国語 作文
「「ありがとう」をつたえよう」（東京書籍2年）

学級の様子

2年生の目標相応

● A児（4年）男子　知的障害
出来事を順番に思い出して書いていくことができる。気持ちを書いたり表現したりすることが苦手である。2年生の漢字の学習に取り組んでいる。

● つけたい力（長期目標）
思ったことを自分で書いたり表現しようとしたりする。文章に出てくる2年生の漢字の読み書きができるようになる。

2年生の目標相応

● B児（4年）男子　ASD
自分の書きたいことをどんどん書こうとする。自分なりの表現のため、書いてあることがわかりづらいことが多い。1年生程度の漢字で書けるものについて、文の中で使いながら書くことができる。

● つけたい力（長期目標）
読む相手がわかる言葉で表現することができる。出来事の順序を意識して書けるようになる。

1年生の目標相応

● C児（4年）男子　ASD
助詞の使い方は誤っているときも多いが、2語文で自分が書きたい出来事や特定の場面のことを書いていくことができる。書きたい気持ちが強いが、文字が抜けてしまうことが多く、支援が必要である。

● つけたい力（長期目標）
文字を抜かさずに2語文の文章が書けるようになる。一番楽しかったことを思い出して書き表すことができる。

学級における国語科の指導方針

　本学級の児童は友達とかかわることが好きで、学習の中でも同じ場面を共有することを楽しみながら意欲的に取り組む児童が多い。しかし、環境に慣れるのに時間がかかる児童も多いため、年度初めなど新たな学習グループのスタート時には、言葉遊びなどの教材を用いて声を出すことの楽しさや安心して表現しようとする雰囲気作りを行っている。書くことの領域においては以下の点に重点をおいて指導している。
　① 書く相手や目的をはっきりさせ、書くことへの意欲を高める。
　② 書きたいことを話して言葉で表し、カードにメモする。
　③ カードを入れ替えながら、書く事柄の順序を考えて作文用紙に書く。
　④ それぞれの児童の書くことにおける苦手さに応じて、個別の支援の工夫をする。

年間指導計画

時期	単元名	題材（○年・教科書）	時間数
4月初め	「ことば遊び」 「詩を読もう」（視写，暗唱，創作）	「あいうえおのうた」 （東京書籍1年上）	4時間
4月	読む「お話を楽しんで読もう」 （物語文）	「サラダでげんき」 （東京書籍1年）	6時間
5月	聞く・話す「書いてあることを正しく読もう」	「ことばで絵をつたえよう」 （東京書籍2年）	3時間
6月	読む「違いを考えて読もう」 （説明文）	「どうやってみをまもるのかな」（東京書籍1年）	10時間
7月	書く「三小まつりのことを伝えよう」 「1学期の復習」		2時間 8時間
9月	聞く・話す「夏休みの話をしよう」 読む「順序に気をつけて読もう」 （説明文）	「はたらくじどう車」 （東京書籍1年）	2時間 8時間
10月	書く「楽しかったことを伝えよう」 学習発表会（物語文）	「「ありがとう」をつたえよう」 （東京書籍2年）	4時間 10時間
11月	学習発表会練習，作文		10時間
12月	「2学期の復習」		10時間
1月	読む「順序に気をつけて読もう」 （説明文）	「さけが大きくなるまで」 （教育出版2年）	12時間
2月中～ 3月初め	読む 場面に気をつけて読もう （物語文）	「アレクサンダとぜんまいねずみ」（教育出版2年）	12時間
3月初め ～中旬	作文「1年間の思い出を書く」 「1年間の復習」		4時間 6時間

本単元について

● 単元設定の理由

宿泊学習のまとめとして，自分が心に残った活動を選んで文章に書き表し，写真も合わせてパンフレットという形に仕上げる学習単元を設定した。自分が選んだ場面のことをメモに書き，貼り替える中で，自分の気持ちをつけ加えたり，順序よく変えたりできるようにした。今回は届ける相手をお休みしている先生にすることで全員が知っている，そして教えてあげたいと思うような場面設定を行った。

● 単元の指導計画

次	時	指導目標	主な学習活動
第1次	第1時	・宿泊学習で心に残った場面を選ぶ。 ・共通の題材で教師と一緒に手順にそってカードを書く。	・宿泊のビデオや写真を見ながら，宿泊の様子を振り返る。 ・1つの場面について，書き方の手順やポイントを聞き，一緒に書く。
	第2時	・書いたカードを順番に並べ，つけ加えや並べ替えをする。	・カードに「したこと」と「気持ち」を書く。 ・書く順番にカードを並べ，つけ加えたり並べ替えたりする。
	第3時	・パンフレットシートにカードを見ながら書く。	・書いた内容を見てのせたい写真を選ぶ。 ・カードを見ながら丁寧に書き写す。
第2次	第4時	・完成した作品を見合う。	・見合い，良いところを伝え合う。

知的障害特別支援学級

国語 作文 「「ありがとう」をつたえよう」（第1次第2時）
指 導 案

● 本時の目標

- 自分が選んだ場面を思い出し，出来事と気持ちをカードに書く。
- カードを順番に並べ，アドバイスシートを見ながらつけ加えや並べ替えをする。

● 本時の指導案

	学 習 活 動	A 児
		個人目標 出来事カードを読み，順番に気持ちを考え書く。つけ加えたり並べ替えたりした方がよいところに気づく。
導入 5分	1　授業開始のあいさつをする。 2　本時のめあてと予定を読んで理解する。 3　選んだ場面の確認をする。 〔こくご〕 1，ふくしゅう 2，カード 3，カードならべ 4，つけくわえ	3○自分が選んだ場面を言う。 　パンフレットがどのように出来上がるか見通しをもつ。 ☆完成の見本を見せ，意欲をもたせる。
展開 30分	4　選んだ場面の「出来事」「気持ち」をカードに書く。 　（出来事：水色　　気持ち：橙色，顔マークつき） 　A児用　　　　　　　B・C児用 5　カードをパンフレットシートに並べる。 　　　　　　　　　　（出来事：上段 　　　　　　　　　　　気持ち：下段） 　　それぞれが選んだ場面と挿絵をのせる。 6　アドバイスシート（p65）を見ながら，つけ加えや並べ替えをする。	4○心に残った「出来事」「気持ち」をカードに自分の言葉で書く。 ☆①出来事を書く 　②それぞれの出来事のときの気持ちを書く 　の順番で考えるように声かけし，児童が書きやすいようにする。 5○パンフレットシートに出来事の順番にメモを並べる。 6○アドバイスシートを見て，つけ加えたり並び替えたりした方がよいところに気づく。 ☆アドバイスシートに順番に印をつけながら確認させる。
まとめ 10分	7　本時で書いた部分を1人ずつ読み，紹介し合う。 　　教師の評価を聞く。 8　終わりのあいさつをする。	7○自信をもって，発表する。 　友達の発表をよく聞く。 ☆頑張ったところや良い表現のところを具体的にほめる。

本時の評価

- カードの内容から評価する。
- 取り組みの様子から評価する。

○＝子ども，☆＝個別の配慮

B児	C児
個人目標 出来事や気持ちを1つずつカードに書く。 付け加えた方がよいことをアドバイスシートから見つける。	**個人目標** 出来事や気持ちを言葉で表し，カードに書く。教師と一緒にアドバイスシートを見ながら，書いたカードの間違いやつけ加えた方がよいところを見つける。
3○自分が選んだ場面を言う。パンフレットがどのように出来上がるか見通しをもつ。 　☆出来事の一覧表に名前を貼り，自分の担当部分がわかりやすいようにする。 　☆完成の見本を見せ，意欲をもたせる。	3○写真を見て，自分が書く場面を理解する。パンフレットの完成の見本を見て，やりたいという気持ちをもつ。 　☆第1時で見せた写真で興味をもっていたものを提示し，自分で手を挙げられるようにする。
4○心に残った「出来事」「気持ち」をカードに書く。 　☆カードの枠を小さめにする。 　☆書いたカードを適宜声に出して読み，確認させる。	4○心に残った「出来事」をカードに書く。 　☆マス目が大きめのカードに書く。 　☆教師とやりとりをし，言葉で言わせてから整理して書く。 　☆整理した内容を手元のホワイトボードに書いて示し，写して書けるようにする。 　☆「気持ち」はやりとりの中で出てきた言葉を教師が書いて示し，写すようにする。
5○パンフレットシートに出来事の順番にカードを並べる。 　☆板書を見ながら順番に並べるよう声かけする。	5○パンフレットシートに出来事の順番にカードを並べる。 　☆教師と一緒に出来事の板書（しおりをもとにしたもの）を見ながら並べる。
6○アドバイスシートを見て，つけ加えたり並び替えたりした方がよいところを探す。 　☆アドバイスシートに書いてあることを理解してから取り組めるよう，はじめに教師が読む。	6○教師と一緒にアドバイスシートを見て，つけ加えたり並べ替えたりした方がよいところを見つける。 　☆写した文を隣に置いて同じように書けているか確認する。
7○自分のカードを読んで発表する。友達の発表をよく聞く。 　☆メモを読み返す時間を設ける。 　☆良い表現のところを具体的にほめる。	7○書いたものを発表する。友達の発表を聞く。 　☆読む部分に印をつけ，わかりやすくする。 　☆頑張ったところを具体的にほめる。

知的障害特別支援学級

国語 作文 「「ありがとう」をつたえよう」（第1次第2時）

授業記録

教師	子ども（A児）
はじめに、選んだ場面の出来事、どんなことがあったかを思い出して書きましょう。	・おふろにはいった。 ・大きいおふろだった。 ・○○君といっしょにおよいだ。 　　　　　　　出来事カードに書く
大きいお風呂に入ったとき、どうでしたか？	・きもちよかった。
いいですね。○○君と泳いだときはどうでしたか？	・楽しかった。
どんなところが、楽しかったですか？	・○○君と「せーの」でスタートして泳いだのが楽しかった。 ・プールみたいに立たないで向こうまでいけて、楽しかった。
そのことを書くとよりわかりやすくなりますね。 ほかに思ったことはありますか？　アドバイスシートを見てみてくださいね。	

💡 本時の展開の工夫

それぞれの児童の書くことへの苦手さに対応した教材作りや支援を行った。
A児：気持ちを書きやすくするための工夫
B児：書くことを整理させるための工夫
C児：話したことを自分でカードに書くための工夫

板書例

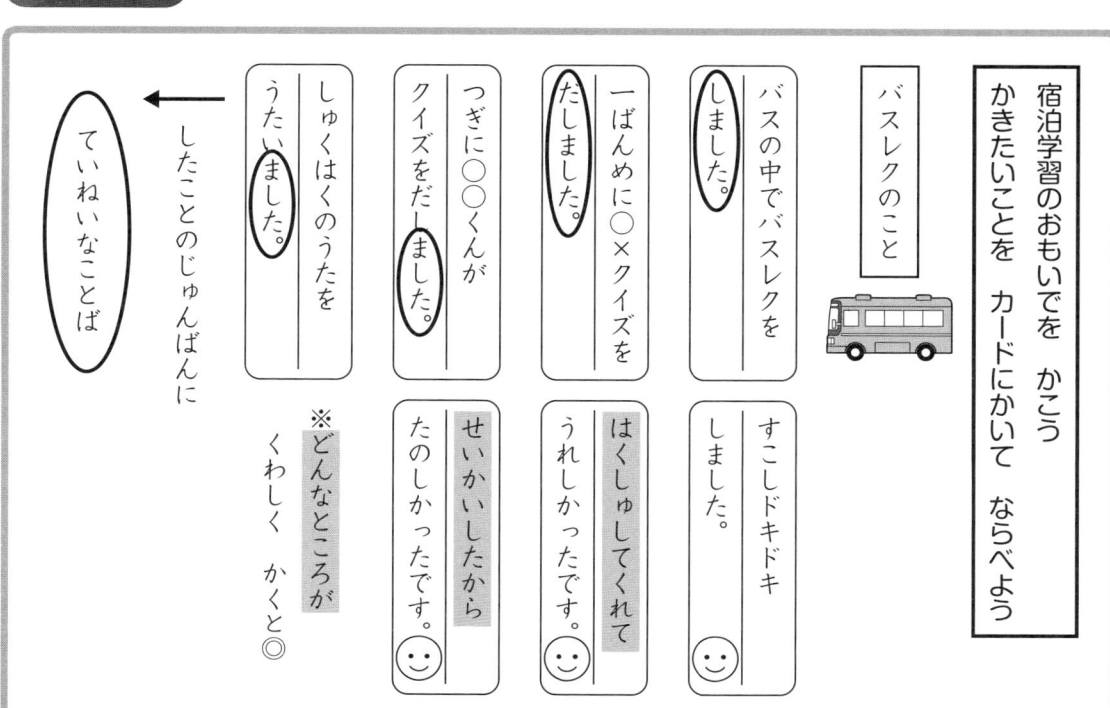

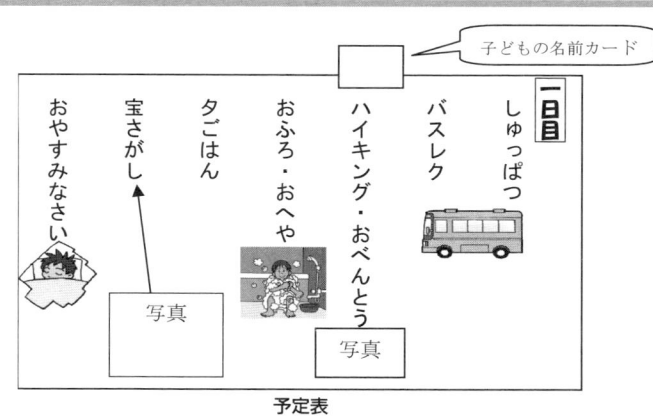

宿泊学習のおもいでを かこう
かきたいことを カードにかいて ならべよう

バスレクのこと

バスの中でバスレクを しました。
すこしドキドキ しました。

一ばんめに ○×クイズを たしました。
はくしゅしてくれて うれしかったです。

つぎに ○○くんが クイズをだーしました。
せいかいしたから たのしかったです。

しゅくはくのうたを うたいました。

※ どんなところが くわしく かくと ◎

→ したことのじゅんばんに ていねいなことば

教材例

子どもの名前カード

一日目
しゅっぱつ
バスレク
ハイキング・おべんとう
おふろ・おへや
夕ごはん
宝さがし
おやすみなさい

写真

予定表

きもちをあらわすことば
たのしい
うれしい
おもしろい
びっくりした
どきどきした
かなしい
こわい

かんじのレベルことば
すこし とても

A児 アドバイスシート

じゅんばんに かいてみよう
① いつ
② どこで
③ だれが
④ なにをした
⑤ どうだった

B児 アドバイスシート

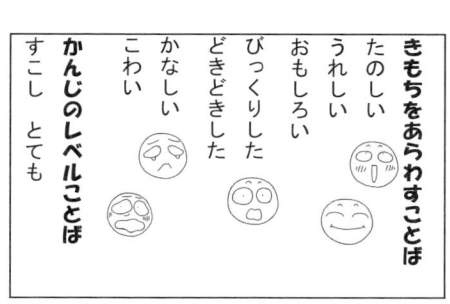

（酒井麻未）

知的障害特別支援学級

算数 数と計算
4 「かけ算(1)」
（東京書籍2年下）

◉ 学級の様子

2年生の目標相応
●A児（3年）男子　知的障害
習得した繰り上がりや繰り下がりのある加減法は誤りなく計算できる。乗法九九は2〜6の段まで暗唱できる。
●つけたい力（長期目標）
既習事項を統合して考えようとする力を伸ばす。友達の学習の様子を自分に取り入れる。

2〜3年生の目標相応
●B児（3年）女子　ASD
繰り上がりのある加法ができる。十の位が空位である3桁から2桁を引く計算ができる。乗法九九はほぼ唱えることができる。
●つけたい力（長期目標）
少し難しいと感じても集中して取り組む力を伸ばす。友達と一緒に継続して活動に取り組む力を高める。

2学年の目標相応
●C児（4年）男子　ASD
通常の学級から4年生4月に転入してきた。転級当寺，母親から「かけ算九九の暗唱ができる」との情報があった。
●つけたい力（長期目標）
苦手感のある課題についても努力していこうという気持ちを育てる。

2年生の目標相応
●D児（5年）女子　ダウン症候群
1桁同士の加法でどちらかの数が8か9の場合に10の補数を使った考え方で繰り上がりのある計算ができる。
●つけたい力（長期目標）
同じ計算方法で一定量の計算問題を解く。教師のアドバイスを聞いて自分の誤りを修正する。

◉ 学級における算数科の指導方針

　この学級には，1年生から6年生まで21名の児童が在籍し，算数科においては4つのグループに分けて指導している。

　このグループは，学年はそれぞれだが概ね2年生の目標を課題とする児童4名が所属している。そこで，様々な教科書をもとに自作教材や市販のドリル等の学習材を利用しながら，四則計算の習得（繰り上がりのある加法，繰り下がりと空位のある減法，2位数と1位数との乗除法），文章題の立式，簡単な分数・小数，時間・長さの単位，図形（正方形・長方形・直角三角形），簡単な表やグラフなどについて指導する。これらについては，「乗法九九表からきまりを見つける活動」などの算数的活動を展開しながら，日常生活場面に活かせる力を身につけることを意識して指導することを重視していく。

年間指導計画

時期	単元名	題材(○年・教科書)	時間数
4月	数と計算 「たし算の しかたを 考えよう」[たし算のひっ算] 量と測定 「時計を 生活に 生かそう」[時こくと時間]	たし算の しかたを 考えよう 東京書籍2年上 時計を 生活に 生かそう 東京書籍2年上	9時間 4時間
5月	数と計算 「ひき算の しかたを 考えよう」[ひき算のひっ算] 量と測定 「時計を 生活に 生かそう」[時こくと時間]	ひき算の しかたを 考えよう 東京書籍2年上 時計を 生活に 生かそう 東京書籍2年上	9時間 4時間
6月	数と計算 「新しい 計算を 考えよう」[かけ算(1)] 図形 「形を しらべよう」[長方形と正方形]	新しい 計算を 考えよう 東京書籍2年下 形を しらべよう 東京書籍2年上	12時間 4時間
7月	数と計算 「新しい 計算を 考えよう」[かけ算(1)] 図形 「形を しらべよう」[長方形と正方形]	新しい 計算を 考えよう 東京書籍2年下 形を しらべよう 東京書籍2年上	8時間 2時間
9月	数と計算 「筆算のしかたを 考えよう」[たし算とひき算の筆算] 量と測定 「水のかさを はかろう」[水のかさの単位]	ひっ算のしかたを 考えよう 東京書籍2年上 水のかさを はかろう 東京書籍2年上	6時間 10時間
10月	数と計算 「筆算のしかたを 考えよう」[たし算とひき算の筆算] 数と計算 「新しい 計算を 考えよう」[かけ算(1)]	ひっ算のしかたを 考えよう 東京書籍2年上 新しい 計算を 考えよう 東京書籍2年下	4時間 10時間
11月	数と計算 「筆算のしかたを 考えよう」[たし算とひき算の筆算] 図形 「形を しらべよう」[長方形と正方形]	ひっ算のしかたを 考えよう 東京書籍2年上 形を しらべよう 東京書籍2年上	4時間 2時間
12月	数と計算 「筆算のしかたを 考えよう」[たし算とひき算の筆算] 図形 「形を しらべよう」[長方形と正方形]	ひっ算のしかたを 考えよう 東京書籍2年上 形を しらべよう 東京書籍2年上	4時間 2時間
1月	数と計算 「分けた 大きさの あらわし方を しらべよう」[分数] 量と測定 「長さを はかろう」[長い ものの 長さの たんい]	分けた 大きさのあらわし方をしらべよう 東京書籍2年下 長さを はかろう 東京書籍2年下	10時間 8時間
2月	数と計算 「かけ算のしかたを 考えよう」[かけ算の筆算(1)] 数量関係 「わかりやすく あらわそう」[ひょうと グラフ]	かけ算のしかたを 考えよう 東京書籍3年上 わかりやすく あらわそう 東京書籍2年上	9時間 5時間
3月	数と計算 「かけ算のしかたを 考えよう」[かけ算の筆算(1)] 数量関係 「わかりやすく あらわそう」[ひょうと グラフ]	かけ算のしかたを 考えよう 東京書籍3年上 わかりやすく あらわそう 東京書籍2年上	9時間 5時間

本単元について

● 単元設定の理由

　日常生活を送る上で必要な四則計算のうち，加減法については1位数同士の繰り上がりのある加法，2位数から1位数を引く減法で繰り下がりのある計算について前年度で習得した。今年度は，計算できる桁数を大きくして筆算形式のよさに気づかせていく。また，文章題について取り組み，半具体物を用いたり，図を書いたりして内容を把握する力を育て，日常生活で般化できる力を培う。

　乗法九九の学習については，累加の考えに触れたり，乗数が1ずつ増えるときの積の増え方に気づいたりする指導計画を立てて，規則性のある数の面白さに触れながら学習を進めていく。もちろん，乗法九九を確実に唱えられることも求め，身の回りから乗法で全体の個数を求められる場面を見いだすことや生活単元学習でそのような場面を意図的に設定して，日常生活で活用できる乗法の力を育む。

● 単元の指導計画

次	時	指導目標	主な学習活動
第1次	第1時～ 4時	ものの全体の個数を「1つ分の数」の「いくつ分」ととらえることができ，乗法の式に表すことができる。	○デジタル教科書や絵を見て乗法で計算できるものを選ぶ。 ○ブロックを使って全体の数の求め方を言葉で説明する。
第2次	第5時～ 20時	乗法九九の各段の構成を理解し，確実に唱えることができる。	○具体的な日常生活場面を想定しながら，各段の特性に触れる。 ○カードや一覧表などを使って乗法九九の各段を覚える。
第3次	第21時～ 23時	乗法について成り立つ性質やきまりを理解できる。	○ブロックを使って，乗法各段の構成の理解を深める。
第4次	第24時～ 30時	日常生活場面で乗法を使って全体の数を求めることができる。	○文章題に取り組む。 ○生活単元学習等で教師が意図的に設定した場面で乗法を使う。

知的障害特別支援学級

算数 数と計算 「かけ算(1)」（第3次第22時） 指導案

本時の目標

- 乗数が1大きくなれば，一山分のブロックが増え，答えが被乗数分多くなることを理解する。
- 被乗数が多くなったときは，一山あたりの乗数分のブロックが増え，答えがその分多くなることを理解する。

本時の指導案

	学習活動	A児
		個人目標 友達のブロック操作を参考にして，本時の目標にある乗法の特性を理解する。
導入 5分	1 授業開始のあいさつをする。 2 本時の学習のめあてを聞いて理解する。	
展開 30分	3 「かけ算ブロックをしよう」―式をブロックで表す。 　(1) 3×2（終了後ブロックをみんなの机に戻す） 　(2) 3×3（終了後ブロックをみんなの机に戻す） 　(3) 3×4 　（以降，終了後にブロックをみんなの机に戻さなくてよいことを伝える） 4 「かけ算ブロックをしよう」―乗数が増えた場合 　(4) 3×5 　(5) 乗数が増えた場合のブロックの増やし方について話し合う。 　(6) 3×6 5 「かけ算ブロックをしよう」―被乗数が増えた場合 　(7) 4×6 　(8) 被乗数が増えたときのブロックの増やし方について話し合う。 　(9) 5×6	3 ○前時で学習したことを生かしてブロックを正確に操作する。 　☆前時で学習したことを簡単に復習してから課題を始める。 　☆課題を明確にカードを使って伝える。 4 ○友達のブロック操作を参考にして，一山分のブロックを増やすことができる。 　☆友達が一山分のブロックを増やして「早く・確実に・正確に」課題ができたことを伝える。 5 ○友達のブロック操作を参考にして，一山に1つずつブロックを増やすことができる。 　☆友達が一山に1つずつブロックを増やして「早く・確実に・正確に」課題ができたことを伝える。
まとめ 10分	6 学習感想を言う。 7 教師の評価を聞く。 8 終わりのあいさつをする。	6 ○自分で考えた学習感想を述べる。 　☆学習感想が言えるように，形成的評価（授業中の活動に対する評価）をはっきり具体的に伝えておく。

本時の評価

- ブロックの操作内容から評価する。
- 学習感想の内容から評価する。

○＝子ども，☆＝個別の配慮

B児	C児	D児
個人目標 ブロックを考えながら操作することで，本時の目標にある乗法の特性を理解する。	**個人目標** 乗法の式をブロックで示すことができる。	**個人目標** 友達のブロック操作を参考にして，本時の目標にある乗法の特性を理解する。
3○前時で学習したことを生かしてブロックを正確に操作する。 ☆前時で学習したことを簡単に復習してから課題を始める。 ☆課題を明確にカードを使って伝える。 4○一山分のブロックを増やせばよいことを少し考えて思いつくことができる。 ☆乗数が1増えていること，なるべく早く操作することを伝える。 5○一山に1つずつブロックを増やせばよいことを少し考えて思いつくことができる。 ☆被乗数が1増えていること，なるべく早く操作することを伝える。	3○迷いながらブロックを操作する。あまり正確に操作できない。 ☆前時で学習したことを簡単に復習してから課題を始める。 ☆3つのブロックの山がいくつ分なのかを言葉で伝える。 4○迷いながらブロックを操作する。 ☆一山分のブロックの数を変える必要がないことを個別に伝える。 5○ブロックの操作が早くなってくる。 ☆一山分のブロックを1つ増やす必要があることを個別に伝える。	3○前時で学習したことを生かしてブロックを正確に操作する。 ☆前時で学習したことを簡単に復習してから課題を始める。 ☆課題を明確にカードを使って伝える。 4○友達のブロック操作を参考にして，一山分のブロックを増やすことができる。 ☆友達が，乗数が1増えたから，一山分のブロックを増やしていることを伝える。 5○友達のブロック操作を参考にして，一山に1つずつブロックを増やすことができる。 ☆友達が被乗数が1増えたから一山に1つずつブロックを増やしていることを伝える。
6○自分で考えた学習感想を述べる。 ☆学習感想が言えるように，形成的評価をはっきり具体的に伝えておく。	6○自分で考えた学習感想を述べる。 ☆学習感想が言えるように，形成的評価をはっきり具体的に伝えておく。	6○自分で考えた学習感想を述べる。 ☆学習感想が言えるように，形成的評価をはっきり具体的に伝えておく。

知的障害特別支援学級

算数 数と計算 「かけ算(1)」（第3次第22時）

授業記録

教師

次は，みんなの机にブロックを戻さなくてよいですよ。なるべく早くブロックを揃えてください。
次の問題は3×5です。

次の問題は3×6です。

次もブロックを戻さなくていいですよ。
次の問題は4×6です。

子ども

B児 かける数が1つ増えているから…あっ，わかった！ 一山増やせばいいんだ！

A児 Bさん，もうできてる。あっそうか！ 一山増やせばいいんだ！

D児 一山増やせばいいのかぁ。そうか！ かける数が1増えてるからだ！

C児 最初の数が変わってないから一山のブロックの数は変わらないんだな。

D児 簡単，簡単。一山増やせばいいんだよ！

B児 今度はかけられる数が1増えたのか。わかった！ 一山に1つずつブロックを増やせばいいんだ！

A児 Bさん，もうできてる。あっそうか！ 1つずつ増やせばいいんだ！

D児 1つずつ増やせばいいのか！ かけられる数が1増えてるからだ！

C児 後の数が変わってないから山の数は増やす必要はないんだな。

💡 本時の展開の工夫

乗法の特性に児童が自分で気がついたり，半具体物の操作でその特性に触れたりできるように，ブロックを使ったゲーム的な教材にした。

かけ算をブロックで表す活動に十分に慣れた上で，乗数のみが1ずつ増えるかけ算を課題にしたり，被乗数のみが1ずつ増えるかけ算を課題にしたりすることで，乗法の特性に触れることができると考えた。

板書例

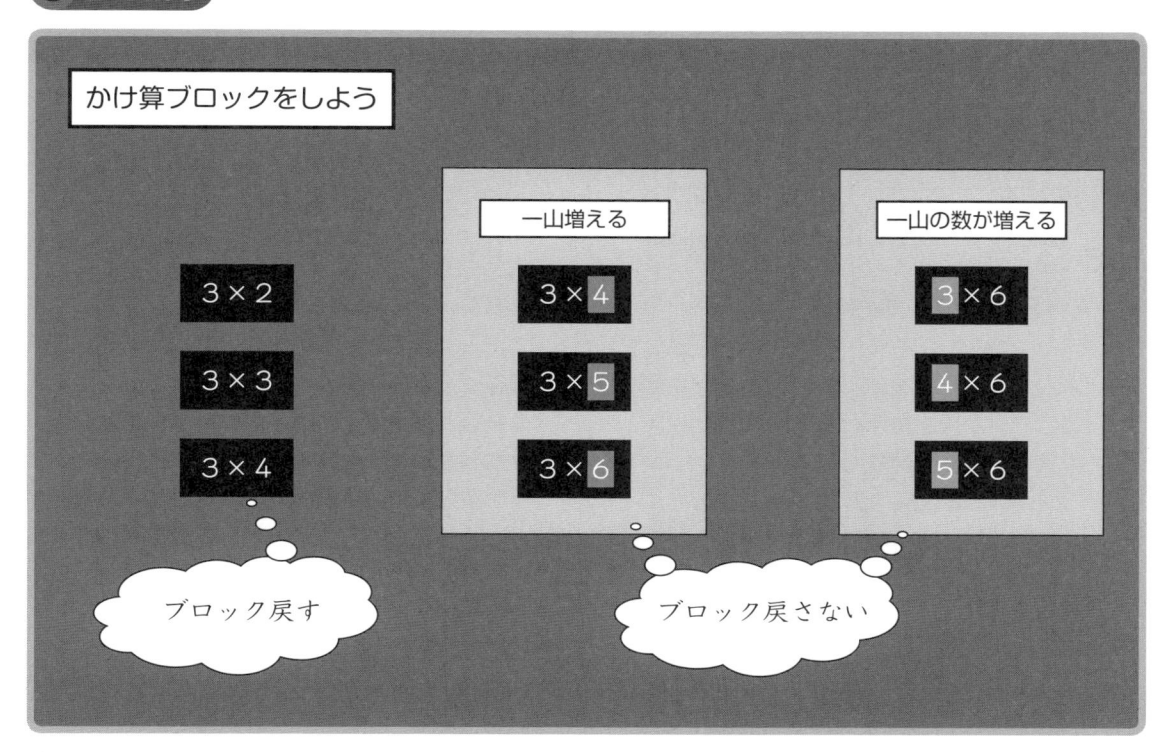

かけ算ブロックをしよう

3×2	一山増える	一山の数が増える
3×2	3×4	3×6
3×3	3×5	4×6
3×4	3×6	5×6

（ブロック戻す） （ブロック戻さない）

板書のポイント

- 上は授業終了時の板書計画である。
- 授業の進行に合わせて順次情報をつけ加えていく。

教材例

ブロック使用例①

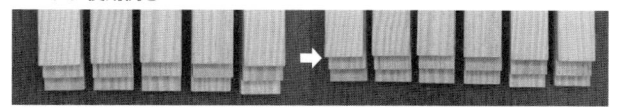

乗数が1増えた場合のブロックの動き　[3×5] → [3×6]

被乗数が1増えた場合のブロックの動き　[3×6] → [4×6]

ブロック使用例②

パターンブロックを使用した場合
[3×2] → [4×2]

ブロック使用例①はこの指導計画で使用した「カプラ [KAPLA]」ブロックを使用した例である。ブロック使用例②は「パターンブロック」を使用した例である。緑色のパターンブロックを「1」，赤色のパターンブロックを「3」とすることで，写真のように [3×2] から [4×2] のように被乗数が1増えたときのブロックの増え方が視覚的に明確になるメリットがある。児童の実態に応じて使い分けることが有効である。

（小島久昌）

知的障害特別支援学級

5 算数 数と計算
「いくつといくつ」
(学校図書1年)

● 学級の様子

1年生の目標相応

● A児（2年）男子　知的障害
10までの2つの数を見て大小を理解することができる。数の合成・分解は具体物を使って解くことができる。学習意欲が高い。難聴（補聴器使用）。

● つけたい力（長期目標）
数の概念を深める。繰り上がりのある1桁＋1桁の加法ができる。指示を最後まで聞くことができる。

1年生の目標相応

● B児（2年）男子　PDD
1から20までの数唱ができる。数の合成・分解は指や具体物を操作しながら解くことができる。多動性が目立ち，勝敗へのこだわりが強い。

● つけたい力（長期目標）
数の概念を深める。繰り上がりのある1桁＋1桁の加法ができる。学習のルールを確認しながら授業に参加する。

1年生の目標相応

● C児（3年）女子　知的障害
20までの数唱はできるものの，10までの集合数について正しく数えることができない。指示理解に課題がある。注意散漫。

● つけたい力（長期目標）
具体物を正しく操作する。簡単な加法を解くことができる。指示を正しく理解して参加する。

1年生の目標相応

● D児（6年）男子　知的障害
1桁＋1桁の繰り上がりのない加法は具体物を使わなくても解くことができる。学習への姿勢にむらがある。

● つけたい力（長期目標）
数の分解や，5や10の数をまとまりとしてとらえ，繰り上がりの計算で活用することができる。

● 学級における算数科の指導方針

　この学級（グループ）には，2年生2名と3年生1名，6年生1名の計4名が在籍している。数を生活の中で進んで使うことが少なく，数についての関心が低い児童が多い。また，学習の積み重ねに困難さがあり，繰り返しの学習が求められる。
　そこで，体験的な活動やゲームなどの活動を通して，生活のいろいろな場面で活用できる力を身につけられるよう指導していきたいと考えた。
① 歌や手遊び，操作活動やゲームを通して数に親しんだり，数の意味を理解したりする。
② 簡単な買い物ができるよう，硬貨の種類を覚えたり，お金の計算をしたりする。
③ 聞く力を高めるためのトレーニングを毎時間取り入れることで，集中して話を聞いたり，指示を最後まで聞いたりする力をつけていく。

年間指導計画

時期	単元名	題材（○年・教科書）	時間数
4月	数と計算 「どちらがおおい」 量と測定 「なんじ」	10までのかず(1)　学校図書1年 とけい　学校図書1年	4時間 2時間
5月	数と計算 「いくつといくつ」 量と測定 「なんじなんじはん」	いくつといくつ　学校図書1年 とけい　学校図書1年	6時間 3時間
6月	数と計算 「あわせていくつ」 「いくらかな」	たしざん(1)　学校図書1年	6時間 4時間
7月	「1学期の復習」		6時間
9月	数と計算 「のこりはいくつ」 「なんじなんぷん」	ひきざん(1)　学校図書1年 とけい　学校図書1年	6時間 4時間
10月	数と計算 「ちがいはいくつ」 「あわせていくら」	ひきざん(1)　学校図書1年	4時間 6時間
11月	量と測定 「ながさくらべ」 図形 「かたちあそび」	おおきさくらべ　学校図書1年 かたち(1)　学校図書1年	5時間 5時間
12月	「2学期の復習」		6時間
1月	量と測定 「ひろさくらべ」	おおきさくらべ　学校図書1年	5時間
2月	数と計算 「30までのかず」 「おつりはいくら」	10よりおおきいかず　学校図書1年	6時間 4時間
3月	「1年間の復習」		6時間

本単元について

● 単元設定の理由

　数カードを使ったカードゲームを通して，1つの数が2つの数の和でできていることについて楽しく学ぶことができる単元を設定した。児童が遊びの中でトランプの神経衰弱を経験したことがあり，本題材はルールが類似して取り組みやすいよう考案した。また，ゲームのルールに従って小集団で友達と共に学ぶことができる活動であり，楽しみながら意欲をもって学習を進めることができる。

● 単元の指導計画

時	指導目標	主な学習活動
第1時	5を2つの数の和として見ることについて知る。	・ぴったんこカードゲーム 　（5になる組み合わせ）
第2時	いくつといくつで6になるか考える。	・ぴったんこカードゲーム 　（6になる組み合わせ）
第3時	いくつといくつで7になるか考える。	・ぴったんこカードゲーム 　（7になる組み合わせ）
第4時	いくつといくつで8になるか考える。	・ぴったんこカードゲーム 　（8になる組み合わせ）
第5時	いくつといくつで9になるか考える。	・ぴったんこカードゲーム 　（9になる組み合わせ）
第6時	いくつといくつで10になるか考える。	・ぴったんこカードゲーム 　（10になる組み合わせ）

知的障害特別支援学級

算数 数と計算 「いくつといくつ」（第2時）
指導案

● 本時の目標

- 指示を最後まで聞いて，ルールに従いながら授業に参加する。
- カードゲームを通して，いくつといくつで6になるか考える。

● 本時の指導案

	学 習 活 動	A 児
		個人目標 数カードのドットをヒントにして自分で合うカードを見つけることができる。
導入 5分	1 授業開始のあいさつをする。 2 本時の学習内容を確認する。 3 聞くトレーニングをする。 ・「どの友達かな」 ・「すうじめいろ」 4 てあそび ・「幸せなら手をたたこう」 ・「ミッキーマウス」 **さんすう** 1．きくトレ 2．てあそび 3．ぴったんこカードゲーム	3 ○集中して指示を最後まで聞き続ける。 ☆学習の約束を確認してスタートする。 ☆口形で伝わるように指示や問題を出す。 4 ○歌の中に出てくる数を聞いて指文字をつくる。 ☆椅子を丸く並べて輪になって行う。 ☆指文字が正しくできているかどうか確認し，できていたらハイタッチをする。
展開 30分	5 ぴったんこカードゲーム ・ゲームのめあてを理解する。 　いくつといくつで6になるかかんがえよう ・ルールの確認をする。（教師によるロールプレイ） ・2人1組でゲームをする。	5 ○D児と対戦する。数カードのドットをヒントにして2枚で6になるカードの組み合わせを見つけることができる。 ☆ドットの数を一緒に数え，6になる組み合わせかどうか確認しながら進める。 ☆6にならない組み合わせをめくってしまった場合でも励ましの声かけをする。
まとめ 10分	6 振り返りシートに書いて，本時のまとめをする。 7 教師の評価を聞く。 8 終わりのあいさつをする。	6 ○本時の学習で学んだことを振り返りシートに記入する。

本時の評価

- 聞くトレーニングの内容や，カードゲームをしているときの観察から評価する。
- 振り返りシートに書いた内容から評価する。

○＝子ども，☆＝個別の配慮

B児	C児	D児
個人目標 6になる組み合わせの書いてあるヒントカードを見て，6になる組み合わせかどうか判断する。	**個人目標** 数カードのドットの数を声に出して正確に数え，6になるかどうか考える。	**個人目標** 1枚目のカードをめくったときに，もう1枚はどの数が出れば6になるか考える。
3○問題や指示を最後まで聞く。わからないことがあれば自分から教師に質問をする。	3○聞き落としても最後まで取り組む。 ☆中央の座席に座らせ，集中が続くように見守る。	3○途中で口を挟まない。最後まで話を聞いて取り組む。 ☆話を聞くときのルールを絵カードで示す。
4○歌を聞いて楽しく体や指を動かす。 ☆口頭で数を伝えた後で指文字でも示すようにする。 5○C児と対戦する。ヒントカードを見ながら，めくった2枚のカードが6になるかどうか判断する。 ☆ヒントカードがなくてもわかるようになってきたら見ないでやるよう促す。	4○教師の作る指文字を真似て作る。 ☆3の指文字が苦手なので，3のときはゆっくり待つようにする。 5○B児と対戦する。めくった2枚のカードのドットを指で一つ一つ押さえながら声に出して数を数える。ドットの数がいくつだったかを確認，対戦相手に報告する。 ☆数え間違いがないよう，対戦相手も一緒に数えるようにする。	4○みんなと一緒に楽しく参加しようとする。 ☆笑顔が見られてきたら，リードする役割を与えてやってもらうようにする。 5○A児と対戦する。2枚のうち，1枚をめくった段階で，次にどの数のカードをめくれば当たりになるのか考える。 ☆わからなくなったときのヒントに，磁石を6つ置いておくようにする。
6○ヒントカードを見ながら本時の学習で学んだことを振り返りシートに記入する。	6○教師に振り返りシートを読んでもらい，課題の意味を理解してから記入する。	6○本時の学習で学んだことを振り返りシートに記入する。

知的障害特別支援学級

算数 数と計算 「いくつといくつ」（第2時）

授業記録

ぴったんこカードゲームの学習場面

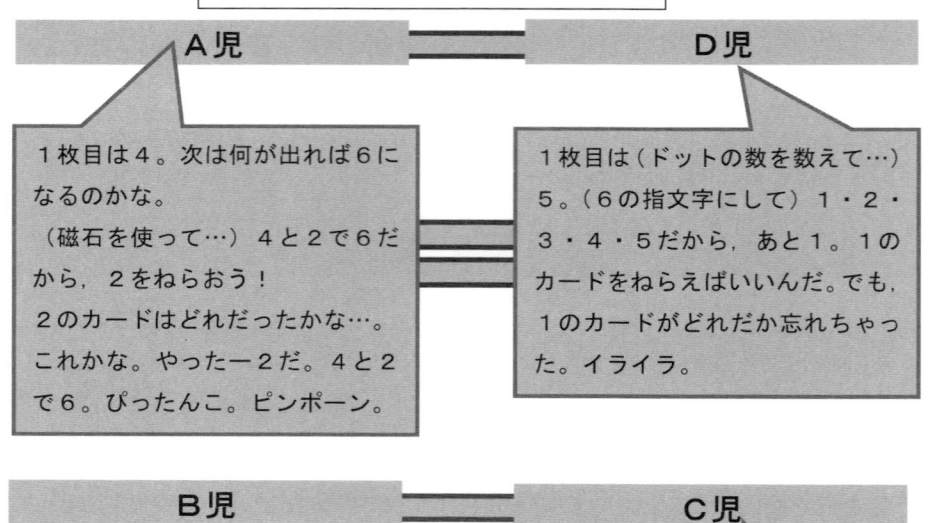

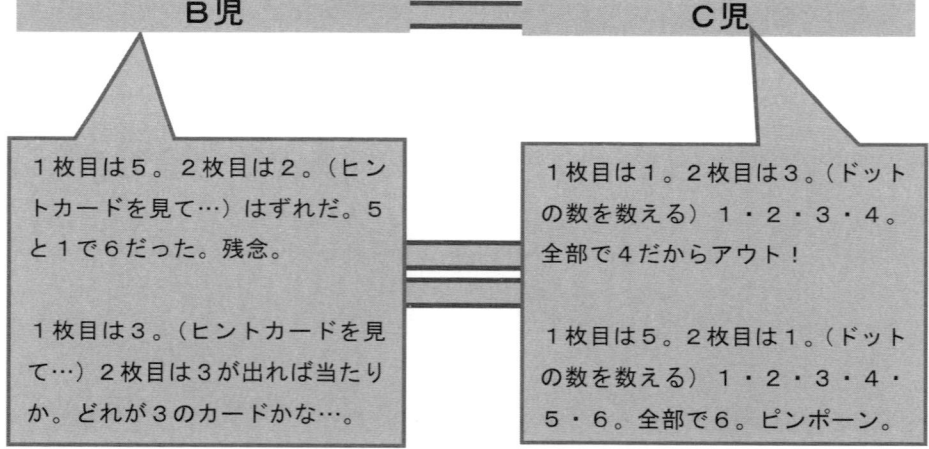

A児
1枚目は4。次は何が出れば6になるのかな。
（磁石を使って…）4と2で6だから，2をねらおう！
2のカードはどれだったかな…。これかな。やったー2だ。4と2で6。ぴったんこ。ピンポーン。

D児
1枚目は（ドットの数を数えて…）5。（6の指文字にして）1・2・3・4・5だから，あと1。1のカードをねらえばいいんだ。でも，1のカードがどれだか忘れちゃった。イライラ。

B児
1枚目は5。2枚目は2。（ヒントカードを見て…）はずれだ。5と1で6だった。残念。

1枚目は3。（ヒントカードを見て…）2枚目は3が出れば当たりか。どれが3のカードかな…。

C児
1枚目は1。2枚目は3。（ドットの数を数える）1・2・3・4。全部で4だからアウト！

1枚目は5。2枚目は1。（ドットの数を数える）1・2・3・4・5・6。全部で6。ピンポーン。

本時の展開の工夫

　体を動かしたり声に出したりして，数を様々な角度から近づけ，より親しみやすいよう手遊びを取り入れた。手遊びで指を動かすことは，指を折りながら物を数えるときの動作や計算をするときなどに使う指文字につながるので取り入れた。
　ぴったんこカードゲームでは，B児は初め何も考えないで2枚のカードをめくっていたが，2枚目を予測できれば当たりが出るかもしれないということに気づいた。2枚目のカードを予測することが，6の数の構成を考えることにつながり，ゲームを通して理解が深まったものと思われる。

板書例

今日のべんきょう
1　きくとれ
2　てあそび
3　ぴったんこカードゲーム

学習のやくそく（絵カード）
・いいしせい
・目を向ける
・よく聞く
・手はひざ
・勝手に発言しない

ゲームのめあて
いくつといくつで6になるかかんがえよう

ぴったんこカードゲームのルール
・机を向かい合わせる。（見本の写真あり）
・カードを裏返しに並べる。
・順番に2枚ずつカードをめくる。めくった2枚のカードが6になるカードであればもらえる。
・当たっても2回続けてカードをめくることはできない。

板書のポイント

● 学習の約束はカード形式で掲示し，必要に応じてカードを提示することで繰り返し確認した。
● ゲームのルールをロールプレイで説明した後で，言葉で黒板に残しておいた。ゲームの途中でルールの確認を行うときに有効であった。

教材例

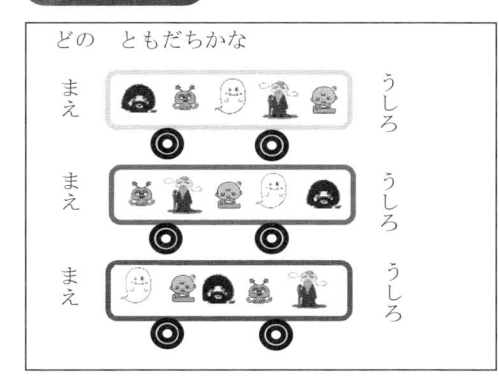

どの　ともだちかな

問題　「赤い色のバスに乗っています。前から3番目の友達を青の色鉛筆で囲みましょう」
⇒ここでは4つの指示が含まれている。最後まで聞いて指示を記憶し，正しく処理することが求められる。（実際には学級の児童の顔写真を用いている）

聞くトレーニング「どの友達かな」

ぴったんこカード

0から10までの数カードを画用紙で作成した。ドット（シール）を貼ることで，数を数えたり見分けたりすることに有効であった。

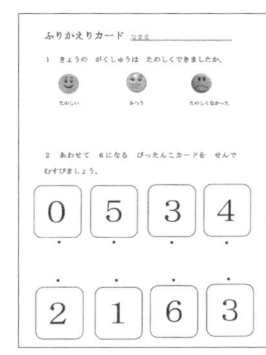

振り返りシート

（松村友子）

知的障害特別支援学級

6 算数 数と計算
「かけ算(1)(2)」

（東京書籍2年下）

● 学級の様子

2年生の目標相応

- A児（4年）女子　知的障害　視覚優位

5の数のまとまりを，一目見てとらえることができる。考え方を言葉で説明することは苦手。対人関係は良好である。

- つけたい力（長期目標）

自分の考えたことを言葉で説明する。

2年生の目標相応

- B児（4年）男子　ASD　視覚優位

九九のようなものを暗唱することは苦手。数を唱えるときに飛ばしてしまうことがある。できないことがあるとイライラして泣いてしまう。

- つけたい力（長期目標）

できることを増やし，自信をつけていく。

2年生の目標相応

- C児（4年）女子　ADHD　聴覚優位

たし算やひき算などの計算ができるが，誤答も目立つ。文字より話し言葉での理解が得意。衝動性が強い。

- つけたい力（長期目標）

落ち着いて参加し，理解できることを増やしていく。

2年生の目標相応

- D児（4年）男子　知的障害　聴覚優位

数を唱えたり，計算したりすることはできる。文字や数字を書くときに乱雑になりやすい。良い姿勢の保持が苦手である。

- つけたい力（長期目標）

一つ一つ物事に丁寧に取り組んでいく姿勢をつくる。

● 学級における算数科の指導方針

本グループの児童に「つけたい力」（長期目標）をもとに，算数科「かけ算」の授業では，以下のように指導方針を具体化する。

①　一人一人の認知特性や学び方を最大限に生かす。

かけ算の意味を習得するにあたり，児童の強い能力（視覚または聴力）に働きかける支援や教材作りを行い，「できた！」「わかった！」という成功体験がもてるようにする。

②　言語活動との関連を図り，言語での表現力を高める。

「こっち」や「あっち」といった言葉で説明するのではなく，具体的な数や算数の言葉でかけ算の意味が説明できるようにする。イラストを使用したり，「算数の言葉」（○○あたり・○ずつ・増える等）をカード化したりする。

年間指導計画

時期	単元名（東京書籍　2年算数）		時間数
4月	数と計算	たし算のひっ算	4時間
	量と測定	時刻と時間	6時間
5月	数量関係	表とグラフ　わかりやすくあらわそう	8時間
6月	数と計算	ひき算のひっ算	4時間
	量と測定	長さのたんい	6時間
7月	数と計算	3けたの数	6時間
9月	数と計算	分数	8時間
10月	量と測定	水のかさのたんい	4時間
	図形	三角形と四角形	4時間
11月	数と計算	かけ算	16時間
12月			
1月	数と計算	4けたの数	6時間
	量と測定	長いものの長さのたんい	6時間
2月	数と計算	たし算とひき算	12時間
3月	図形	はこの形	10時間

本単元について

● **単元設定の理由**

4名の児童は，数をいくつかのまとまりにすることができ，まとまりを数えることができる。繰り上がり，繰り下がりの計算は既習である。本単元では，単なる九九の暗唱にとどまらず，かけ算の意味理解と，言語で説明できる力の育成に向けて，児童の認知特性に応じた支援をしていきたい。

● **単元の指導計画**

次	時	指導目標	主な学習活動
第1次	第1〜4時	かけ算の意味，式の表し方がわかる。	のりものに乗っているのは何人でしょう？（式の書き方）
第2次	第5時	5の段のかけ算九九のつくり方がわかる。	おだんごは何こでしょう？ナンバースクエア
	第6時	2の段のかけ算九九のつくり方がわかる。	りんごは何こでしょう？ナンバースクエア
	第7〜8時	3・4の段のかけ算九九のつくり方がわかる。	えんぴつは何本でしょう？ナンバースクエア
	第9〜10時	かけ算九九の問題を言葉で説明できる。	2×4，3×5の式になる問題をつくりましょう。
第3次	第11〜16時	1・6・7・8・9の段のかけ算のつくり方がわかる。	九九の表をつくりましょう。

知的障害特別支援学級

算数 数と計算 「かけ算(1)(2)」（第2次第5時）
指 導 案

本時の目標

- 5の段のかけ算では，乗数が1増えると，答えが5ずつ増えることがわかる。
- 5ずつ増えることを言葉で説明することができる。

本時の指導案

	学 習 活 動		A児
			個人目標 ナンバースクエアを見て，5の段の法則性を，言葉で表現することができる。
導入 10分	1　授業開始のあいさつをする。 2　本時のめあてと予定を読んで理解する。 3　既習のたし算とかけ算の式をワークシートで確認する。 「おだんごは何こでしょう。 5こささっているおだんごが2本あります。 たし算とかけ算の式で書きましょう」	【よてい】 5このおだんご 【めあて】 「5ずつふえる」 がわかる	3○自分でたし算とかけ算を立式できる。
展開 25分	4　見通しを立てる。 「おだんごは何こでしょう？」 「5こささっているおだんご　2本では？」 「5こささっているおだんご　3本では？」 「5こささっているおだんご　4本では？」 5　気づいたことを発表する。 「答えは，5ずつ増えていきます」 6　発展問題 （A・B児：5の段の法則性を理解するための課題） 「ナンバースクエアに色を塗ります」 （C・D児：言葉・式・図をつなげる課題） 「ワークシートにカードを並べます」		4○自分でたし算とかけ算を立式できる。 5○「増える」ということばを使って説明できる。 ☆「算数の言葉」のヒントカードを使用する。 6○ナンバースクエアの末尾の数字が5と0の段に答えが集まっていることを説明できる。
まとめ 5分	7　教師の評価を聞く。 8　終わりのあいさつをする。		

● **本時の評価**

- 5ずつ増えるということを言葉で説明することができる。
- 5の段にナンバースクエアやワークシートで表すことができる。

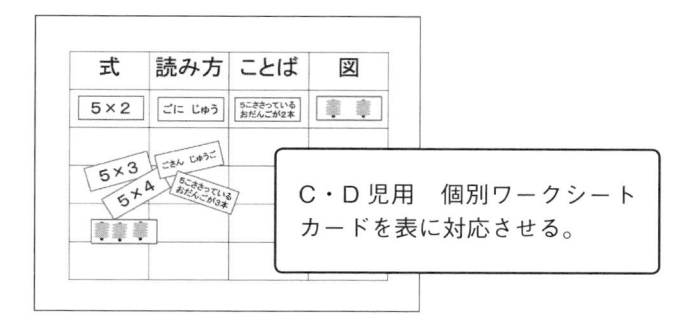

> C・D児用　個別ワークシート
> カードを表に対応させる。

○＝子ども，☆＝個別の配慮

B児	C児	D児
個人目標 5ずつ正しく数えることができる。「5ずつ」「増える」という言葉で説明することができる。	個人目標 「1本あたり」「いくつ分」という数がどれになるのかがわかる。	個人目標 「算数の言葉」のキーワードに着目しながら，言葉で説明できる。
3○教師と一緒に立式できる。 ☆ワークシートのおだんごの絵に補助線を引き，数えやすくする。	3○たし算をやってからかけ算の立式に移ることができる。 ☆「まずたし算」「次にかけ算」と作業の手順を口頭で示す。	3○自分でたし算とかけ算を立式できる。
4○教師と一緒に立式できる。	4○答えが合っているかどうか確かめをする。	4○自分でたし算とかけ算を立式できる。
5○「5ずつ増える」という言葉を言うことができる。	5○「増える」という言葉を使って説明することができる。 ☆前時までの学習を「算数の言葉」カードを見ながら振り返る。	5○「増える」という言葉を使って説明することができる。
6○ナンバースクエアに，5ずつマス目を数えて色を塗っていくことができる。	6○ワークシート上に，式・読み方・図・言葉を対応させながらカードを並べる。	6○ワークシート上に，式・読み方・図・言葉を対応させながらカードを並べる。

知的障害特別支援学級

算数 数と計算 「かけ算(1)(2)」（第2次第5時）

授業記録

教師	**子ども**

教師：おだんごは何こでしょう。5こささっているおだんごが2本あります。たし算とかけ算の式で書きましょう。

A児：できました。答えは数えていいんですか？
教師：よくできたね。数えてくださいね。
B児：数えるのがわからなくなっちゃった！
教師：よく頑張っているね！ おだんごに横に線をひくと，わかりやすくなるよ。
C児：あれっ？ たし算やるんだっけ，かけ算やるんだっけ？
教師：よく気づいたね。順番にやろうね。まず，たし算の式を書いてごらん。

> 何を求めればよいかを発問の冒頭にしている。これは，児童のワーキングメモリーに配慮しているためである。

発展問題：ナンバースクエアに書きましょう。

A児：すごい！ まっすぐになった！
教師：よく気づいたね。「まっすぐ」という言葉は「直線」ともいったね。
B児：答えは，5か0がつくよ。
教師：大発見だね！

> 児童の発言に対しては，気づいたことや頑張ったことにまず肯定的な評価を与えている。

💡 本時の展開の工夫

授業前半は，おだんごを数えてかけ算の立式をする一斉学習。後半は児童の学び方に応じた教材を使って，個別にかけ算の理解を深めていく学習を設定した。視覚優位の児童には目で見てわかる支援，聴覚優位の児童には言葉で説明するような支援を，同じ授業の中でバランス良く行っていくように配慮した。

板書例

おだんごは　なんこでしょう。

算数の言葉

1本あたり

5ずつ

ふえる

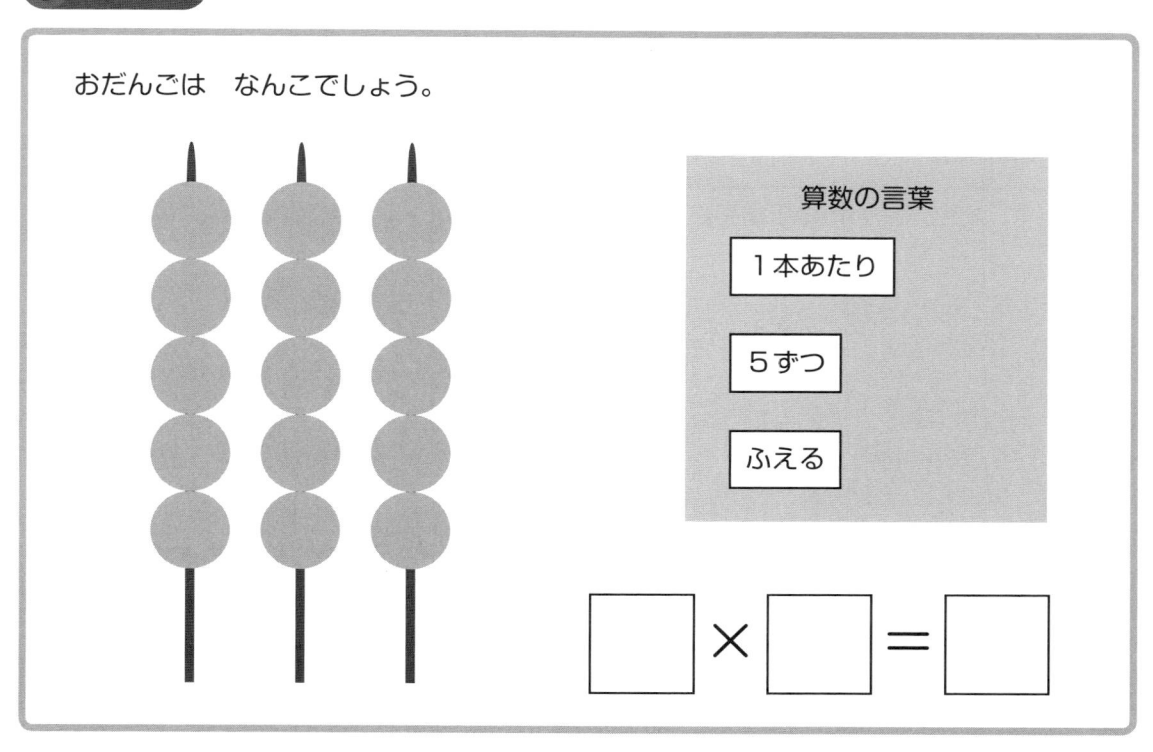

□ × □ = □

板書のポイント

- 言葉，式，図を板書し，思考がつながるようにしている,。
- 「算数の言葉」として，説明する際のキーワードを視覚的に示している。

教材例

きまり　5のだんのかけざん

1	2	3	4	5	6	7	8	9	10
11	12	13	14	15	16	17	18	19	20
21	22	23	24	25	26	27	28	29	30
31	32	33	34	35	36	37	38	39	40
41	42	43	44	45	46	47	48	49	50
51	52	53	54	55	56	57	58	59	60
61	62	63	64	65	66	67	68	69	70
71	72	73	74	75	76	77	78	79	80
81	82	83	84	85	86	87	88	89	90
91	92	93	94	95	96	97	98	99	100

ナンバースクエア

ナンバースクエアは視覚的にかけ算の法則性を見つけることができる教材である。5の段では答えが直線に並ぶことから5と0がつく数だということが一目見てわかる。
間違えてもすぐ消せるように，消すことのできるタイプのペンを使うとよい。

（増田謙太郎）

自閉症・情緒障害特別支援学級

7 国語 物語文
「おむすびころりん」
（光村図書1年上）

学級の様子

1年生（当該学年）の目標相応

● A児（1年）男子　ASD
音読が得意。文章を正しく読み取ることができる。ひらがな・カタカナの読み書きができる。話を最後まで静かに聞くことが課題。
● つけたい力（長期目標）
語彙を増やす。自分の気持ちを文章に表す。字を丁寧に書く。話を静かに落ち着いて聞く。

1年生（当該学年）の目標相応

● B児（1年）男子　ASD
音読が得意。簡単な会話ができる。ひらがなの読み書きができる。文章を読み取ることが難しい。授業に落ち着いて取り組める。
● つけたい力（長期目標）
語彙を増やす。カタカナの読み書きを身につける。簡単な文章を読み取ることができる。

1年生（当該学年）の目標相応

● C児（1年）男子　ADHD
音読が得意。文章を正しく読み取ることができる。ひらがなの読み書きができる。注意・集中の持続が課題。
● つけたい力（長期目標）
語彙を増やす。カタカナや，簡単な漢字の読み書きを身につける。持続力を伸ばす。

1年生（当該学年）の目標相応

● D児（1年）男子　ASD
音読が得意。簡単な会話ができる。ひらがなの読みはできるが，書く際に鏡文字になってしまうことがある。注意・集中の持続が課題。
● つけたい力（長期目標）
語彙を増やす。ひらがな・カタカナの読み書きを身につける。持続力を伸ばす。

学級における国語科の指導方針

　1年生4名が在籍しており，1年生の目標及び学習内容を設定している。児童全員が，音読が得意で，自信をもって取り組めている。書字については，個人差が見られる。
　本学級は小学校の学習指導要領に準じた教育課程を編成しており，教科書に沿って指導している。各単元の指導時数については，自閉症の障害特性から，物語文等で登場人物の心情を理解することが難しい児童も在籍しているので，物語文の単元の指導時数を多めに設定している。また，全ての児童の目標に共通している，語彙を増やす活動を授業の中で適宜取り入れている。
　① 　語彙を増やし，言語によるコミュニケーション能力を伸ばす。
　② 　キーワードを手がかりに，文章を正しく読み取ることができる。
　③ 　学年相応の読み書きの力を身につける。
　④ 　自分の気持ちを，簡単な単語を用い，文章で表現することができる。

年間指導計画

時期	単元名・教材名（光村図書1年）	配当時間	特性に応じた配当時間
4月	「おはなし よんで」 「うたに あわせて あいうえお」	2 3	2 3
5月	「あかい とり ことり」 「はなの みち」 「なぞなぞあそび」 「あいうえおで あそぼう」	1 7 5 4	2（+1） 8（+1） 3（-2） 3（-1）
6月	「くちばし」 「おさるが ふねを かきました」 「おむすび ころりん」 ※本事例	8 2 5	8 2 11（+6）
7月	「おおきな かぶ」 「ほんは ともだち」	6 2	8（+2） 1（-1）
9月	「いちねんせいの うた」 おはなしを たのしもう「ゆうだち」 みんなで よもう「みいつけた」	2 8 8	2 10（+2） 10（+2）
10月	こえに だして よもう「くじらぐも」	10	12（+2）
11月	くらべて よもう「じどう車くらべ」 きいて たのしもう「まの いい りょうし」 「むかしばなしが いっぱい」	12 1 4	10（-2） 1 2（-2）
12月	本は ともだち「ずうっと，ずっと，大すきだよ」	8	12（+4）
1月	こえに 出して よもう「てんとうむし」 おはなしを たのしもう「たぬきの 糸車」	2 5	2 6（+1）
2月	おはなしを たのしもう「たぬきの 糸車」 ちがいを かんがえて よもう「どうぶつの 赤ちゃん」	5 12	6（+1） 14（+2）
3月	すきな ところを さがして よもう「だって だっての おばあさん」	8	10（+2）

※時数増加分は，年間総時数の余剰時間で指導している。

本単元について

● 単元設定の理由

語調が楽しめる，児童の得意な音読を生かして学習できる，挿絵を見て大まかな話の内容が理解できる，等の事由から本教材を設定した。また，教科書で，次に扱う「は」「を」「へ」の学習について，本教材の中で指導することとした。

● 単元の指導計画

時	指導目標	主な学習活動
第1時	語や文としてのまとまりや内容，文章のリズムに注意しながら声に出して読むことができる。	・一人一人音読をする。 ・絵を見て，お話の内容について発表し合う。
第2〜6時	語と語をつなぐ助詞「は」「を」「へ」や濁音等の誤っている箇所に気づき，正しく直すことができる。	・リレー読みの音読をする。 ・「は」「を」「へ」や濁音等の使い方が間違っているところを見つけて直す。 ・丁寧に視写する。
第7〜11時	文章の中の大事な言葉や文を書き抜き，登場人物の心情を理解する。	・リレー読みの音読をする。 ・ヒントを手がかりに，文章の中の大事な言葉や文を書き抜く。 ・登場人物の気持ちを考える。

自閉症・情緒障害特別支援学級

国語 物語文「おむすびころりん」（第8時）指導案

指導案

● 本時の目標

- 友達の音読をしっかりと聞き，自分の順番が来たら，めあてを意識しながら音読する。
- ヒントを手がかりに，文章の大事なところをワークシートに書き抜く。
- 書き抜いた言葉を手がかりに，おじいさんの気持ちを考えることができる。

● 本時の指導案

	学習活動	A児
		個人目標 ・登場人物の気持ちを，自分で考えることができる。
導入 10分	1 授業開始のあいさつをする。 2 本時の学習の流れを理解する。 3 音読のめあてを確認する。 4 リレー読みをする。 （スムーズに全員がリレーで読めるまで繰り返す）	4 ○友達の音読をよく聞いて，順番になったら，めあてを意識しながら読むことができる。 ☆3つのめあてを意識しながら読めるよう支援する。
展開 30分	5 ヒントを手がかりに，教科書から，大事な言葉や文をワークシートに書き抜く。 6 黒板に答えを書く。 7 答え合わせをする。 8 おじいさんの気持ちを考える。	5 ○教科書から，大事な言葉や文を正確に書き抜く。 ☆文字を丁寧に書くよう伝える。 6 ○黒板に答えを書く。 ☆丁寧に書くよう伝える。 7 ○ワークシートの答え合わせをする。 ☆赤鉛筆できれいに丸がつけられるよう声かけする。 8 ○おじいさんの気持ちを考えて発表することができる。 ☆手を挙げて，指名されてから答えるよう伝える。
まとめ 5分	9 振り返りカードで，学習したことを振り返る。 10 教師の評価を聞く。 11 終わりのあいさつをする。	9 ○振り返りカードで，学習したことを振り返る。 ☆よく考えて記入するよう伝える。

本時の評価

● 授業中の態度や発言，ワークシート及び振り返りカードを活用し，評価する。

○＝子ども，☆＝個別の配慮

B児	C児	D児
個人目標 ・登場人物の気持ちを，個別に支援されながら考えることができる。	個人目標 ・登場人物の気持ちを，キーワードから考えることができる。	個人目標 ・登場人物の気持ちを，個別に支援されながら考えることができる。
4○友達の音読をよく聞いて，自分の順番になったら，元気よく読むことができる。 ☆大きな声で読めるよう支援する。	4○友達の音読をよく聞いて，自分の順番になったら，落ち着いてゆっくりと読むことができる。 ☆ゆっくり読めるよう支援する。	4○友達の音読をよく聞いて，自分の順番になったらすぐに読むことができる。 ☆友達が読んでいる箇所を，指で追うよう支援する。
5○ヒントを手がかりに，教科書から，大事な言葉や文を書き抜く。 ☆ヒントが教科書のどの部分に書かれているか指し示す。 6○黒板に答えを書く。 ☆正しい書き順で書けるよう伝える。 7○ワークシートの答え合わせをする。 ☆黒板をよく見て丸つけができるよう伝える。 8○おじいさんの気持ちを考えて発表することができる。 ☆ワークシートに書き抜いた言葉を手がかりに考えられるよう，個別に支援する。	5○教科書から，大事な言葉や文を正確に書き抜く。 ☆文字をゆっくり書くよう伝える。 6○黒板に答えを書く。 ☆ゆっくり書くよう伝える。 7○ワークシートの答え合わせをする。 ☆黒板をよく見て丸つけができるよう伝える。 8○おじいさんの気持ちを考えて発表することができる。 ☆手を挙げて，指名されてから答えるよう伝える。	5○ヒントを手がかりに，教科書から，大事な言葉や文を書き抜く。 ☆正確に書き抜けるよう，個別に支援する。 6○黒板に答えを書く。 ☆書く場所を指し示す。 7○ワークシートの答え合わせをする。 ☆どこに丸をつけたらいいか個別に支援する。 8○おじいさんの気持ちを考えて発表することができる。 ☆ワークシートに書き抜いた言葉を手がかりに考えられるよう，個別に支援する。
9○振り返りカードで，学習したことを振り返る。 ☆自分で考えて記入できるよう，個別に支援する。	9○振り返りカードで，学習したことを振り返る。 ☆落ち着いて記入できるよう支援する。	9○振り返りカードで，学習したことを振り返る。 ☆自分で考えて記入できるよう，個別に支援する。

自閉症・情緒障害特別支援学級

国語 物語文「おむすびころりん」（第8時）

授業記録

☆リレー読み
　C児とD児が一度ずつ，自分の番になっても気づかなかったためにやり直し，3回目で成功。A児とB児は，「頑張って！」と励ましの言葉をC児とD児にかけていた。

☆ワークシート（「おじいさんの気持ち」は，最後に全員で発表し合った）
　A児，B児，C児は，自力でワークシートに正答を書けた。D児は個別に支援されながら書くことができた。それぞれ分担して，黒板に答えを書くことができた。答え合わせをし，全員，自分の赤鉛筆で丸をつけることができた。

☆「おじいさんの気持ち」は，一人一人が次のように答えた。
　A児「うれしい」，B児「たのしい」，C児「たのしい」，D児「おもしろい」

💡 本時の展開の工夫

　リレー読みは，繰り返し取り組んでいくことで，「聞く力」が着実に身につく。教科書の書き抜きは，ゲーム感覚で，楽しみながら取り組める。知らず知らずのうちに，「読む力」「書く力」が身につく。本時では，キーワードを手がかりに，登場人物の心情を考えられるよう工夫した。

● 板書例

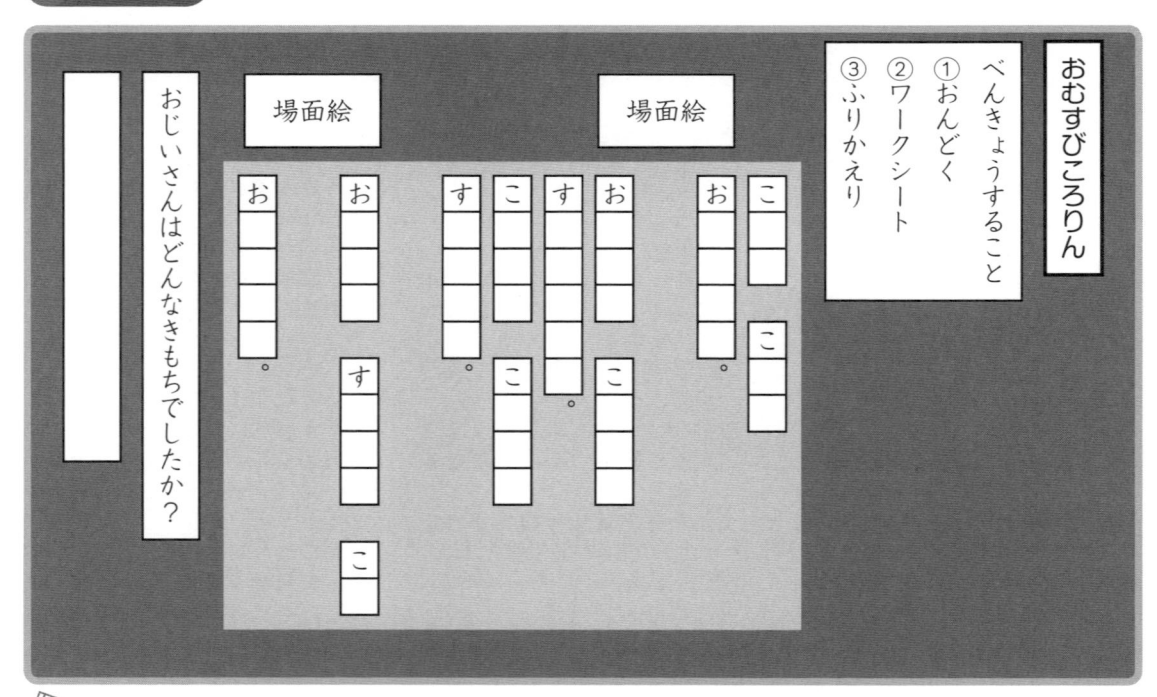

（板書例の図：「おむすびころりん」①おんどく ②ワークシート ③ふりかえり／べんきょうすること／場面絵／おじいさんはどんなきもちでしたか？ など）

✏️ 板書のポイント

- 視学習の流れをきちんと示す。
- ワークシートと黒板を対応させる。

教材例

視写教材

まちがいさがし

名前

① まちがっているじに×をつけて、みぎがわにただしくかきましょう。
② ただしくかいてあるじは、そのまま、みぎがわにかきうつしましょう。

おむすび ころりん

とうとう　あしお　すへらせて、
しふんも　あなえ　すっとんとん、
ねずみの　をうちに　とひこんた。
おしいさん　ころりん　すつとんとん。
をむすひ　たくさん　ありかとう。
をいしい　こちそう　ありかとう。
ねすみの　をとり　さあくたさい。
をれいに　こっちお　みてくたさい。
あけましょう。

音読が得意な児童は、ゲーム感覚で、間違いをすぐに見つけることができる。見つけて直せた児童は、視写をする。慣れ親しんでいる文章なので、意欲的に取り組める。

振り返りカード

ふりかえりカード

ねん　なまえ

◎ よくできた
○ まあまあできた
△ あまりできなかった

★ おんどくのふりかえり
・おおきなこえで、よむことができましたか？
・ゆっくりと、よむことができましたか？
・はっきりと、よむことができましたか？
・じぶんのじゅんばんになったら、すぐによむことができましたか？

★ ワークシートのふりかえり
・こたえを、みつけることができましたか？
・じを、ていねいにかくことができましたか？
・こくばんに、こたえをかくことができましたか？
・おじいさんのきもちをかんがえることができましたか？

音学習したことを、短時間で振り返られるようにする。慣れると1分もかからずに記入できるようになる。学習の達成度の確認と児童をほめるために活用する。

(野坂純司)

自閉症・情緒障害特別支援学級

8 国語 説明文 「いろいろなふね」
(東京書籍1年下)

学級の様子

1年生（当該学年）の目標相応

● A児（1年）男子　ADHD
音読は好きだが明瞭な発音ができにくい。書字は字形のバランスが悪く苦手意識が強い。集中できる時間が短い。トラブルが多い。

● つけたい力（長期目標）
書かれている内容を読み取る。漢字やカタカナ、ひらがなを正確に書く。望ましい会話や発言のルールを理解し自分の意見を伝える。

1年生（当該学年）の目標相応

● B児（1年）男子　ASD
文字は丁寧に書ける。不安が強く緊張場面では行動が停止してしまう。実際の場面でとるべき行動が理解できずパニックになる。

● つけたい力（長期目標）
書かれている内容を読み取る。漢字の字形に気をつけて書く。安心して学習に取り組むことができる。

学級における国語科の指導方針

　本学級には1年生2名、5年生2名、6年生3名、計7名の児童が在籍している。在籍する児童のほとんどが知的な発達の遅れがないため、当該学年の学習内容が妥当である。しかし、児童の実態から一部下学年の目標設定にする領域もある。単元ごとの指導目標や指導時間は、通常の学級担任と特別支援学級担任とで話し合って決定する。特別支援学級では、補充的な指導を主に行う。

　国語科の学習では、児童の実態から同学年による小集団の形態で指導をしている。本稿では1年生（A児とB児）2名の小集団による実践を報告する。A児、B児は、当該学年の教材（教科書）を用いながら各領域の指導の重点化を図った。A児は障害特性から注意を持続することに課題がある上に、言語の意味を正確に理解することが難しい。B児は、未経験の課題に対する心理的な不安が強い。両者に共通する「読む」「書く」「言語事項」を重点領域とし、基礎的な言語力（ひらがな・カタカナ・漢字）を身につけ、書かれている内容を読み取ったり体験したことを順序良く書いたり話したりすることができるようにする。

　具体的な方策として①説明文を重点とする、②文節を意識した教材文を作成する、③デジタル教科書や絵を活用する、④動作化や語句の入れ替え等で言語理解を促進する、⑤個に即した漢字練習をする、⑥5W1Hに沿ったスピーチを年間を通して行う、⑦心理的な安定を図る自立活動等を通して安心して学習に参加し、叙述に即した語句の理解や読み取る力、簡単な文や文章を書く力、話題に即したスピーチができるよう指導していきたいと考える。

年間指導計画

時期	単元名	配当時間	特性に応じた配当時間	時期	単元名	配当時間	特性に応じた配当時間
4月	・みつけたよ ・はきはきあいさつ ・ほんがたくさん ・じをかこう	4 2 2 3	3（−1） 2 2 5（＋2）	10月	・さらだでげんき ・かたかなをかこう ・わたしのはっけん	15 3 13	16（＋1） 3 14（＋1）
5月	・あいうえおのうた ・あめですよ ・ふたとぶた ・みんなにつたえよう ・ねことねっこ ・あひるのあくび	5 4 3 3 3 4	5 2（−2） 3 5（＋2） 3 3（−1）	11月	いろいろなふね（説明文） ・すきなものクイズをしよう ・日づけとよう日をおぼえよう ・じゅんじょよくかこう	13 8 4 8	10（−3） 9（＋1） 3（−1） 9（＋1）
6月	・ぶんをつくろう ・かいがら ・おばさんとおばあさん ・こえのゆうびんやさん ・よんでねきいてね ・どうやってみをまもるのかな	3 5 3 3 4 6	4（＋1） 6（＋1） 2（−1） 2（−1） 5（＋1） 7（＋1）	12月 1月	・きいてつたえよう ・おとうとねずみチェロ ・むかしばなしをたのしもう ・じゃんけんやさんをひらこう ・かたちのにているかんじ	4 17 6 12 4	4 15（−2） 4（−2） 13（＋1） 5（＋1）
					時間数合計	249	253（＋4）

本単元について

● 単元設定の理由

　国語科の単元は通常の学級での補充指導を行っているが，「読む」力を高めるために，説明文を重点化して特別支援学級で指導する。説明文は物語文と比較すると，キーワードが明確で叙述に即した読み取りがしやすいと考える。

　読み取りの時間は通常の学級での指導時間より少ないが，特別支援学級での個に応じた指導を展開するので可能であると考える。乗り物の本は事前に準備し自己選択できるようにする。

● 単元の指導計画

・乗り物の役目と工夫している内容を絵や文章から読み取ることができる。／・好きな乗り物を紹介カードに書くことができる。／・見通しをもち学習に取り組むことができる。

学習内容	時数（増減）	児童の特性に応じた指導内容
・学習の見通しをもつ。	1（通常の学級）	・4種類の船の絵を見る。（ビデオ） ・船の違いに気がつく。 ・好きな乗り物を発表する。
	1（特別支援学級）	・文字カードと写真のマッチング。 ・カタカナと漢字の練習をする。
・「きゃくせん・漁船・カーフェリー・消防艇」の役割について読み取る。	4（−1）（特別支援学級）	・指さし役割読み・写真と文章のマッチング・ワークシートへの記入・動作化。
・好きな乗り物の本を読みまとめをする。	3（−2）（特別支援学級）	・好きな乗り物を事前に調査し準備する。 ・紹介カードに書く。練習する。
・好きな乗り物の本を発表。	1（通常の学級）	・紹介カードに沿って発表する。

知的障害特別支援学級

国語 説明文「いろいろなふね」（第2次第1時）
指導案

● 本時の目標

- 話題を選択し自分の言葉でスピーチしたり質問したりすることができる。
- 「きゃくせん」について語句の間違いを見つけ，役割や工夫を読み取ることができる。

● 本時の指導案

● 準備・資料

姿勢の写真・スピーチ選択絵カード・教材文・船の絵・タイマー・ワークシート

● 展開

配時	学習内容及び活動	指導上の留意点
2	1 始まりのあいさつをする。 ① 本時の学習課題を知る。	・姿勢，視線（アイコンタクト）について言語称賛する。 　1 あいさつ 　2 すぴーち 　3 いろいろなふね 　4 ことばのあるばむ 　5 ふりかえり ・本時の学習課題は見通しがもてるよう視覚的に提示し，安心して学習に取り組めるようにする。
7	2 好きな乗り物についてスピーチする。 （略）	
25	3 いろいろなふね「きゃくせん」について読み取る。 ① 音読する。 ② 客船の絵を選ぶ。 ③ 語句を入れ替えた文章を指さし音読し，1から4の段落で間違えている語句について話し合う。 ④ 役割や工夫を読み取る。 ⑤ 指さし読みをする。	・文節で途切れないよう自作のプリント教材を用いる。 ・4種類の船の絵を提示し，そこから選ぶことで船の大まかな違いを視覚的にとらえられるようにする。 ・客船の読み取りに関する語句を替え（ひと―くるま，きゃくしつ―きょうしつ，しょくどう―ぷれいるーむ），絵や文章から語句の違いに気づき理由が述べられるようにする。
7	4 ノートに役割と工夫を視写しまとめにする。	・問いと答えになるようにまとめて板書する。
4	5 振り返りをする。	

本時の評価

- 「語句の違いを挿絵や文から見つけ，その違いが理解できたか発表から評価する。
- 「きゃくせん」の役割と工夫について読み取り，ノートに正確に視写することができたかワークシートから評価する。

○＝子ども，☆＝個別の配慮

A児	B児
個人目標 ・「きゃくせん」について語句の間違いを見つけ，役割を読み取り，正確に書くことができる。	個人目標 ・「きゃくせん」について語句の間違いを見つけ，その理由を述べ，役割や工夫を読み取ることができる。
2○好きな乗り物についてスピーチする。 　☆乗り物絵カードを準備し，「ぼくのすきな乗り物は〜です。なぜかというと〜だからです。」という文型を用いる。	2○好きな乗り物について自分の言葉でスピーチする。 　☆乗り物絵カードから好きな乗り物を選択する。
3①正確に音読する。 　☆文節で切れないよう教材文を作成する。指で指し示しながら読む。 　②語句を入れ替えた文章を指さし音読し，1から4の段落で間違えている語句について話し合う。 　☆絵を指さし読みしながら，絵にはない語句が文章の中では間違いであることをヒントとして示す。 　☆客船の読み取りに関する語句を替え（ひと―くるま，きゃくしつ―きょうしつ，しょくどう―ぷれいるーむ），身近な物と比較することで，意欲的に学習参加する。 　④役割や工夫を読み取る。 　☆「きゃくせんは，〜のためのふねです。このふねのなかには〜があります。」という文型を押さえる。	3①落ち着いて音読する。 　☆不安があるときは読む順番の希望を聞く。 　③語句を入れ替えた文章を指さし音読し，1から4の段落で間違えている語句について話し合う。 　☆音読が上手なので，B児が先に読み，挿絵との違いに気づけるようにする。 　☆客船の読み取りに関する語句を替え（ひと―くるま，きゃくしつ―きょうしつ，しょくどう―ぷれいるーむ），身近な物と語句を入れ替えることで正確に読み取る。 　④役割や工夫を読み取る。 　☆「きゃくせんは，〜のためのふねです。このふねのなかには〜があります。」という文型を押さえる。
4○ワークシートにまとめる。 　☆問いと答えになるようにまとめて板書し，答えのみ視写する。	4○ワークシートにまとめる。 　☆問いと答えになるようにまとめて板書しワークシートにまとめる。

自閉症・情緒障害特別支援学級

国語 説明文「いろいろなふね」(第2次第1時)
授業記録

教師	子ども
先生が客船のお話を今から読みます。みなさんは，文と絵を指さしながら聞いてください。 どこかおかしいところが出てきます。そこを教えてください。	A児 あれ，先生間違っているよ。 （言いたくてたまらない） B児 （笑っている） A児 ぼく，言いたい。（挙手） B児 絵の指さしができないよ。 A児 客船は，人を乗せる船で，車を乗せるのは，フェリーです。 A児 教室と客室がちがいます。絵は，客室です。 B児 客船は，プレイルームがあるかもしれないけど，ここではね，食堂と書いてあります。 これじゃ，指さし読みできないよ。
「きゃくせん」は，どんな役目（仕事）をするふねでしょう。 ずっと長い時間船に乗っているのですね。	A児 人を運ぶための船です。 船の中には，食堂や客室があります。 B児 客船は，人を運ぶための船です。 客室の客は，お客さんの客だね。 食堂や客室があります。 B児 疲れないようベッドとか，テレビとかあるんじゃないの。 A児 乗ってみたいな。
まとめです。ワークシートに書きましょう。 読みましょう。人を運ぶ船。 客室，食堂。書き方に気をつけて正しく丁寧に書きましょう。	A児 ］きゃくせんは，人をのせるふね。 B児 ］きゃくしつやしょくどうがある。 A児 「きゃくしつ，しょくどう」と音読する。

💡 本時の展開の工夫

　「きゃくせん」の役目を読み取るために，ペアで本文と挿絵を使い，指さし読みを行ったり，キーワード（読み取りのための重要語句）を入れ替えたりした。ペアでの操作活動は，A児の注意集中を図ることや，B児が安心して学習に取り組むことに効果的であった。B児は，快適に過ごすための工夫を読み取ることもできた。また，まとめのワークシートの活用により，書字の軽減を図り，最後まで集中して学習に取り組むことができるよう工夫した。

板書例

板書のポイント

- 文章は，1文ごとにし文節で途切れないようにし，挿絵を活用した。
- ワークシートと黒板のシートは同一（拡大コピーして使用）にした。
- ワークシートは問い（Q），答え（A）になるよう作成した。

教材例

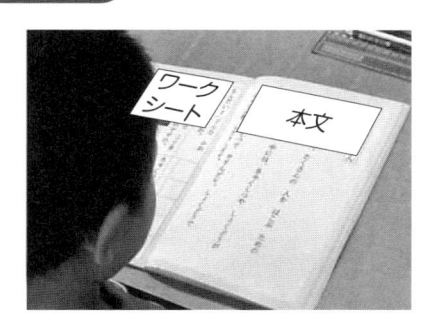

教材文の再構成

デジタル教科書を用いて教材文を作り変えた。ノートの右ページに本文（1文ごと），左ページにワークシートを貼付し，1時間の学習の見通しがもてるようにすると同時に音読や，書字が円滑に進められるようにした。

「指さし読み」ペア学習

音読に合わせ，本文や挿絵を棒で指し示す。本文を音読する役と音読に合わせて文章を黙読しながら指さし，それに合わせた挿絵を確認する。言葉と挿絵をマッチングさせることで視覚的な面からも言語理解が確実になる。

Q＆Aのワークシートの活用

（海老原紀奈子）

自閉症・情緒障害特別支援学級

算数 図形

9 「図形の合同と角」

（学校図書5年）
※平成23年度版で実施

学級の様子

本学級の在籍児童数は9名（1年4名，2年2名，5年2名，6年1名）であり，担当教員数は2名である。今回の授業の対象児童は5年2名，6年1名の3名である。5年生2名は当該学年の教科書を用いて，6年生は下学年（5年生）の教科書を用いて指導を行っている。

5年生（当該学年）の目標相応

- A児（5年）男子 ASD

量と測定領域や図形に関する技能は身につけてきている。計算はできるが加法，減法，乗法が用いられている場面を式に表したり，式を読み取ったり図に表したりすることは苦手である。暗算も苦手である。

- つけたい力（長期目標）

4年までの既習内容を確認しながら，5年の学習に取り組み認知能力をさらに高めることができる。

5年生（当該学年）の目標相応

- B児（5年）男子 ASD

書くことに対する抵抗感が強く，板書を写す，テストを受けることが苦手。十進位取り記数法，図形，角等の基本的な考え方は理解できている。

- つけたい力（長期目標）

学習を通して達成感を感じさせ，自己肯定感を高める。

5年生の目標相応

- C児（6年）女子 自閉症

計算は得意だが，除法，除法の意味理解が不十分。また，単位量あたりの考え方や直線の平行や垂直で混乱することもある。集団場面では聞き漏らしが多い。

- つけたい力（長期目標）

今までの既習内容を確認しながら，学習に取り組み認知能力をさらに高めることができる。

学級における算数科の指導方針

　本学級の児童は，算数への関心・意欲は高く，進んで生活や学習に活用しようとする態度が見られるが，知識・技能の定着に不安がある。また，数量の関係を式と図を関連づけて考えること等が苦手である。よって，発達段階に応じて算数的活動を充実させ，基礎的・基本的な知識・技能を確実に身につけ，数学的な思考力・表現力を育て，学ぶ意欲を高めることを指導方針とした。

　よって，本年度は，各単元の学習内容の関連をもたせることで知識・技能を確実に身につけることができるように，「図形の合同と角」と「小数のわり算」の単元配列を入れ替え，小数のかけ算と小数のわり算，及び，図形の合同と角と体積が連続して学習できるようにした。また，各単元における練習，力だめし，復習は宿題等で扱うこと，「算数アドベンチャー」は扱わないことで，通常の学級の時間配当より全体の時数を減らした。全体の時数を減らすことで，各単元の指導計画を作成する際に導入時間や操作活動の時間を増やすことで，各児童の特性（言葉の意味・用い方に一面的なとらえ方が見られる。既習事項と学習内容を関連づけることが苦手である。時間の経過とともに学習内容を忘れてしまうことも多い）に応じた指導ができるようにした。また，活動場面でのこだわりがある児童もいるので，用具の持ち方，誤差の許容域等を事前に説明する時間も増やし，児童が納得した上で活動に取り組むことができるようにした。

年間指導計画

時期	単元名	配当時間	特性に応じた配当時間	時期	単元名	配当時間	特性に応じた配当時間
4月	1 小数と整数	4	5（＋1）	11月	10 分数のかけ算とわり算	9	10（＋1）
5月	2 単位量あたりの大きさ	11	10（−1）		11 図形の面積	13	14（＋1）
	3 小数のかけ算	9	11（＋2）	12月	12 比例	6	6
6月	5 小数のわり算	9	12（＋3）		○ 復習　2	2	0（−2）
7月	4 図形の合同と角	12	15（＋3）	1月	13 正多角形と円	9	9
	6 体積	12	12		14 立体	8	8
	○ 復習　1	2	0（−2）	2月	15 割合とグラフ	13	11（−2）
9月	7 倍数と約数	11	9（−2）		16 5年のまとめ	8	8
	8 分数	13	12（−1）	3月	○算数アドベンチャー	5	0（−5）
10月	○算数アドベンチャー	5	0（−5）				
	9 分数の足し算と引き算	6	6		時間数合計	167	158（−9）

本単元について

● 単元設定の理由

　レディネステストでは「図形に関する基本的な用語」「コンパス，分度器等を用いての作図」「2つの直線が交わってできた角の特徴」を理解していない児童の実態が明らかになったので，導入時間を多く取り，学習に必要な言葉と既習事項の確認を行うことにした。また，操作活動を十分に行うことを通して概念形成を丁寧に行っていくために，「いろいろな図形をぴったり合わせる活動を通して合同の意味に気づく」時間を単元指導計画の初めに設定し，さらに「合同な三角形を書く」「合同な四角形を書く」時間を通常の学級の指導計画の時間よりも2時間多く取り入れた。また，「三角形の内角の和」「四角形の内角の和」の理解を深めるために，通常の学級の指導計画の時間よりも2時間多く取り入れた。全体で通常の学級の指導計画よりも5時間多く指導時間を設定した。ただ，練習問題や力試し問題は宿題や個別の時間に扱うこととしてマイナス2時間としたので，児童の特性に応じた単元指導計画の時間は15時間とした。（通常の学級の指導計画は12時間）

● 単元の指導計画

単元目標
- ●図形についての観察や構成などの活動を通して，平面図形についての理解を深める。
- ・図形の合同について理解する。
- ・図形の性質を見いだし，それを用いて図形を調べたり構成したりする。

小単元名	時数（増減）	児童の特性に応じた指導内容
1．合同な図形	8時間（＋3）	・いろいろな図形をぴったり合わせる活動を通して合同の意味に気づく ・「合同な三角形を書く」「合同な四角形を書く」
練習	0時間（−0.5）	宿題で取り組む。
2．三角形と四角形の角	7時間（＋2）	・「三角形の内角の和」「四角形の内角の和」の理解を深める
練習	0時間（−0.5）	宿題で取り組む。
力だめし	0時間（−1）	宿題で取り組む。
時間合計	15時間（＋3）	

自閉症・情緒障害特別支援学級

算数 図形 「図形の合同と角」(第1次第1時)
指導案

本時の目標

● 合同の意味を理解する。

本時の指導案

	学習活動	指導上の留意点
導入 5分	＊プロジェクターで提示されたスライドと手元のワークシートを使って学習を進める。 1　本時の学習の流れを知る。 2　振り返りをする。 [1．ふりかえり 2．「合同」ってどういうこと 3．図形を合わせてみよう 4．合同の意味（いみ）を知ろう 5．きょうの授業（じゅぎょう）のふりかえり]	●本時では、図形を実際に「ぴったり合わせると同じ（重なる）」活動を通して、『合同』の意味を理解させたい。 2　スライドを見ながら、三角形、四角形の「辺」「頂点」「角」について確認させる。毎時間、振り返りを行うことで知識の定着をさせる。
展開 30分	3　「合同」という言葉を知る。 [「合同」って何かな？ 「合わせると、ぴったり同じ」] 4　図形をぴったり合わせてみよう。 [「ぴったり同じ（重なる）」図形は、あったかな？] 5　「合同」の意味を確かめる。 [「ぴったり同じ」→どこが同じ… 辺・頂点（角） 『2つの図形がぴったり重なるとき、2つの図形は合同であるといいます』]	3　「合わせるとぴったり同じ」の「合」と「同」の組み合わせで、「合同（ごうどう）」という言葉ができていることを意識させる。そのことで、「ぴったり重ねる」を意識させる。 4　三角形、四角形の図形をぴったり合わせる活動を通してぴったり感を実感させる。どこが、ぴったり合っているか、考えさせる。裏返して重なる図形もあることに気づかせる。 5　「辺の長さ」「角の大きさ」が同じことに気づかせる。 ・『2つの図形がぴったり重なるとき、2つの図形は合同である』ということを確認させる。
まとめ 10分	6　学習の振り返りをする。 7　次時の予告 　次時は、コンパスや分度器を使って合同な図形を書くことを知る。	6　「合同」の意味をワークシートにまとめる。

本時の評価

- 三角形，四角形の図形をぴったり合わせる活動を通して評価する。
- 振り返りシートに書いた内容（C児は口頭発表）から評価する。

○＝子ども，☆＝個別の配慮

A児	B児	C児
個人目標 ・合同の意味を理解する。	個人目標 ・合同の意味を理解する。	個人目標 ・合同の意味を理解する。
2　振り返り（既習事項） 　○「辺」「頂点」「角」について，確認をする。	2　振り返り（既習事項） 　○「辺」「頂点」「角」について，確認をする。	2　振り返り（既習事項） 　○「辺」「頂点」「角」について，確認をする。
3○「合同」という言葉を知る。 　☆「合わせるとぴったり同じ」の「合」と「同」の組み合わせで，「合同（ごうどう）」という言葉ができていることを意識させる。そのことで，「ぴったり重ねる」を意識させる。 4○図形を合わせる活動をする。 　☆三角形，四角形の図形をぴったり合わせる活動を通してぴったり感を実感させる。どこが，ぴったり合っているか，考えさせる。裏返して重なる図形もあることに気づかせる。 5○『2つの図形がぴったり重なるとき，2つの図形は合同である』という意味を確かめる。 　☆「辺の長さ」「角の大きさ」が同じことを確認させ，まとめをさせる。	3○「合同」という言葉を知る。 　☆「合わせるとぴったり同じ」の「合」と「同」の組み合わせで，「合同（ごうどう）」という言葉ができていることを意識させる。そのことで，「ぴったり重ねる」を意識させる。 4○図形を合わせる活動をする。 　☆三角形，四角形の図形をぴったり合わせる活動を通してぴったり感を実感させる。辺の長さ，角の大きさが同じであることを確認させながら操作活動を進めさせる。 5○『2つの図形がぴったり重なるとき，2つの図形は合同である』という意味を確かめる。 　☆4で使った図形カードで「辺の長さ」「角の大きさ」が同じことを確認させる。	3○「合同」という言葉を知る。 　☆「合わせるとぴったり同じ」の「合」と「同」の組み合わせで，「合同（ごうどう）」という言葉ができていることを意識させる。そのことで，「ぴったり重ねる」を意識させる。 4○図形を合わせる活動をする。 　☆三角形，四角形の図形をぴったり合わせる活動を通してぴったり感を実感させる。△はどの辺とどの辺が対応するか，確認しながら操作活動を進めさせる。 5○ 『2つの図形がぴったり重なるとき，2つの図形は合同である』という意味を確かめる。 　☆4で使った図形カードで「辺の長さ」「角の大きさ」が同じことに気づかせる。
6　振り返り 　　　　（本時の学習内容） 　○「合同」の意味をワークシートにまとめる。	6　振り返り 　　　　（本時の学習内容） 　○「辺」「角」の言葉を使って「合同」の意味をワークシートにまとめる。	6　振り返り 　　　　（本時の学習内容） 　○「合同」の意味を口頭で発表する。（書くことが苦手なので）

自閉症・情緒障害特別支援学級

算数 図形 「図形の合同と角」（第1次第1時）

授業記録

教師

「合同」って何かな？
「合わせると，ぴったり同じ」

「ぴったり同じ（重なる）」
図形は，あったかな？

「ぴったり同じ」→どこが同じ…
辺・頂点（角）
『2つの図形がぴったり
重なるとき，
2つの図形は合同である
といいます』

子ども

- A児 「2つの字が，くっついたんだね」
- B児 「辺と辺が，ぴったり」
- C児 「あっ，そうか。Aさんすごい」

- A児 「合わせると，ぴったり同じ」
- B児 「合わせるとぴったり　まっすぐ」
  裏返しの操作にも気づき「逆だ」
- C児 「長方形」　はじめ，△はどの辺とどの辺が対応するか戸惑う

- A児 「辺の長さが同じ，角の大きさが同じ」だから「合同」
- B児 辺の長さが同じことに気づいたが，角の大きさが同じことには気づかなかった。
- C児 「こことここ」「辺と角が同じ」

💡 本時の展開の工夫

　特別支援学級在籍の児童は注意の持続が難しいので，できるだけ待たせる時間を少なくすることが必要と考え，プロジェクターを使い課題提示等をスピーディに行った。また，教材等もパソコンを活用して自作し，子どもの実態に応じて提示した。

　算数で使われる用語や単位は方略を立てる上で大切である。授業のはじめと終わりの"振り返り"で用語や単位，学習内容を確認する活動を行った。この活動により，用語や単位の定着化を図り，学習内容の習得度の確認を行った。

授業で使用したスライド

＊プロジェクターで提示されたスライドを使って学習を進めることにした。

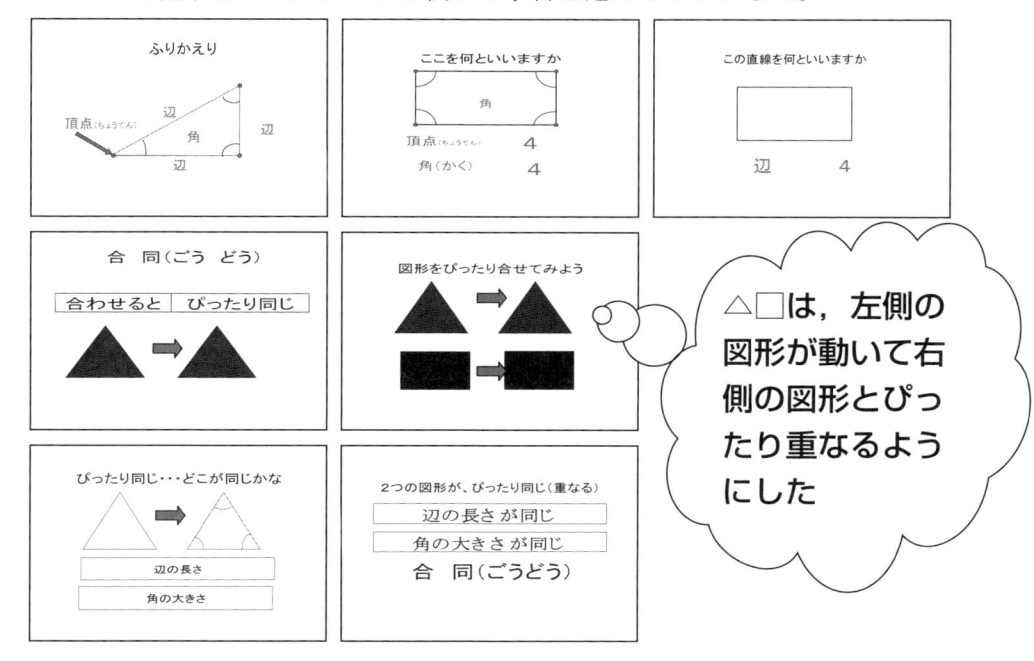

ふりかえり — 頂点（ちょうてん）、辺、角

ここを何といいますか — 頂点（ちょうてん）4、角（かく）4

この直線を何といいますか — 辺 4

合同（ごうどう） — 合わせると／ぴったり同じ

図形をぴったり合せてみよう

△□は，左側の図形が動いて右側の図形とぴったり重なるようにした

ぴったり同じ…どこが同じかな — 辺の長さ／角の大きさ

2つの図形が，ぴったり同じ（重なる） — 辺の長さが同じ／角の大きさが同じ／合同（ごうどう）

授業での支援の工夫

① ICT の活用

- 児童の注意を持続させるための工夫
  ↓
- プロジェクターを使い課題提示等をスピーディに行い（待たせる時間を少なくする）
- 教材等もパソコンを活用して自作し子どもの実態に応じて提示
  ↓
- 集中して課題に取り組むことができた

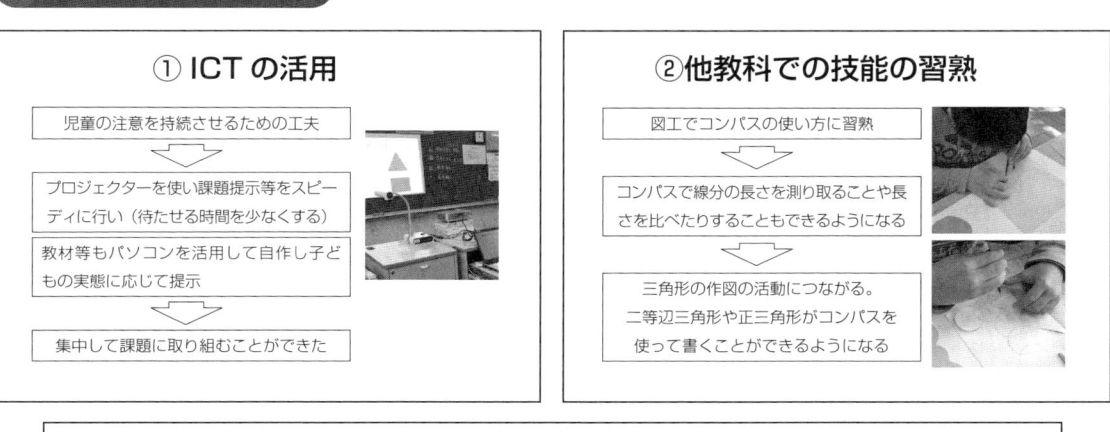

②他教科での技能の習熟

- 図工でコンパスの使い方に習熟
  ↓
- コンパスで線分の長さを測り取ることや長さを比べたりすることもできるようになる
  ↓
- 三角形の作図の活動につながる。二等辺三角形や正三角形がコンパスを使って書くことができるようになる

③授業のはじめと終わりの"振り返り"

- 用語や単位，学習内容を確認する活動
  ↓
- 用語や単位，学習内容の定着化：用語や単位，既習事項はものごとを考える上で大切

- 授業の終わり時間が気になる児童
  ↓
- 学習の"振り返り"の時間を設けることで終わりの見通しがもつことができた
  ↓
- 落ち着いて学習に取り組むことができた

（荒川正敏）

自閉症・情緒障害特別支援学級

算数 数と計算

10 「速さ」

（大日本図書6年）

学級の様子

6年生（当該学年）の目標相応

- A児（6年）男子　高機能自閉症

算数の学力が高い。応用問題等に意欲的に取り組む。注意・集中の持続が苦手。

- つけたい力（長期目標）

算数の学年相応の学力を身につける。筋道を立てて考え方を説明する力を身につける。

6年生（当該学年）の目標相応

- B児（6年）男子　情緒不安傾向

算数の学力は高いが，練習問題などには面倒がって取り組まない。注意・集中の持続が苦手。

- つけたい力（長期目標）

算数の学年相応の学力を身につける。決められた課題を最後までやり遂げる力を身につける。

学級における算数科の指導方針

この学級には，1年生1名と2年生1名，6年生2名の計4名が在籍している。1年生は，知的な遅れがないため，2年生と6年生は，前学年の学習内容を十分に習得したため，4名は，当該学年の目標及び学習内容が適当な児童である。4名の児童は，学習課題に応じて2つのグループに分け，学習を進めている。ここでは，6年生のA児，B児を1つのグループとした。

A児，B児の算数は，通常の学級の年間指導計画をもとにそれぞれの児童の実態に応じて年間指導計画を作成し，個別学習と小集団学習により習得させることにした。また，比較検討など学習内容によっては，交流及び共同学習を通して習得させる。2名の指導方針は，①当該学年の各領域の目標を達成する，②数学的な考え方を文章で説明する技能を身につける，③課題を最後までやり遂げ，自分の力を高めることとした。

年間指導計画

月	単元	当該学年時数	特性に応じた配当時間	月	単元	当該学年時数	特性に応じた配当時間
4	1　対称な図形	13	15（+2）		9　拡大図と縮図	10	12（+2）
	面積を2等分しよう	0	1（+1）	10	トラックの縮図をかこう	1	1
	復習1	1	1		復習4	1	1
5	2　分数のかけ算	9	8（-1）		10 文字を使った式	6	7（+1）
	帯分数のかけ算をしよう	0	1（+1）		11 比例と反比例	12	12
	点字で数を表そう	1	1	11	きまりを見つけて問題を解こう	1	1
6	3　分数のわり算	13	12（-1）		復習5	1	1
	復習2	1	1		12 およその形と面積	2	2
	4　円の面積	6	5（-1）	12	身のまわりのもののおよその面積	1	1

		おうぎ形について考えよう（発展）	0	1（＋1）		13　資料の調べ方	9	9
		5　速さ	6	5（－1）		手紙の重さと料金（発展）	0	1（＋1）
		通り過ぎた電車の速さを求めよう	0	1（＋1）	12	一部のようすと全体のようす（発展）	0	1（＋1）
7		順序よく考えよう	1	0（－1）		どの選手を選べばいいかな	1	1
		6　角柱と円柱の体積	4	2（－2）		復習6	1	1
		どんな計算するのかな	1	1		14　量の単位	4	4
		復習3	2	1（－1）	1	妹の持っているお金はいくら	1	1
		7　場合の数	6	5（－1）	2	6年間のまとめ	10	10
9		2つのさいころのめの出方（発展）	0	1（＋1）	3	わくわく算数ミュージアム	17	14（－3）
		8　比	9	9				
		なわ張り師	1	1		合計時数	152	152

本単元について

● 単元設定の理由

「速さ」の学習は，既習の単位量あたりの大きさの考え方を用いて「1時間あたりに進む道のり」のように考える。その後，道のりや時間を求めることができるようにするが，A，B児は，容易に理解することができると想定した。そこで，自分が走ったり歩いたりしたときのデータを用いて速さを比べたり，通過算の問題に取り組ませたりして意欲を高め，「速さ」の考え方を生活の中で活用する技能を身につけさせたいと考えこの単元を計画した。

● 単元の指導計画

次	時	指導目標	主な学習内容
第1次	第1時	速さ比べを通して，「速さ」の意味や表し方を理解し，速さを求める式を導く。	速さを道のりと時間の2つの量を用いて比べ，速さを求める式を考える。
第2次	第2時	速さ比べを通して，「時速」「分速」「秒速」の用語とその意味や用い方を理解する。	「時速」「分速」「秒速」の用語とその意味や用い方を知る。
	第3時	速さ比べを通して，「時速」「分速」「秒速」の換算の仕方に習熟し，それを活用する。	いろいろなものの速さを「時速」「分速」「秒速」に換算して比べる。また，自分の歩く速さや走る速さを比べる方法を考える。
	第4時	速さの意味をもとにして道のりを求め，その求める式を導く。	数直線や速さを求める式をもとにして，道のりを求める式を考える。
第3次	第5時	速さの意味をもとにして時間を求め，その求める式を導く。	数直線や道のりを求める式をもとにして，時間を求める式を考える。
	第6時	いろいろな通過算を解決することにより，速さ，道のり，時間の関係の理解を深める。	速さに関する式を適用して，通過算の問題を解決する。

自閉症・情緒障害特別支援学級

算数 数と計算 「速さ」（第2次第3時）
指導案

本時の目標

- 速さ比べを通して，「時速」，「分速」，「秒速」の換算の仕方を理解する。
- 身近なデータを使って，速さを比べることができる。

本時の指導案

	学習活動	指導上の留意点
導入 5分	1　始めのあいさつをする。 2　本時の学習課題を確認する。 　いろいろなものの時速・分速・秒速を求めて，比較する方法を考えよう。 **今日の学習** 問題①（15分） わかったこと 問題②（20分） まとめ	1　☆休み時間の出来事を聞き，気持ちを受け止めてから学習に向かわせる。 2　○ワークシートを見て課題を確認する。 　☆本時の学習に必要な用具を問いかけて用意させる。 　☆学習の流れと時間配分をホワイトボードで示す。
展開 30分	3　問題①を解く。 　問　チーター，音，光の速さで，一番速いのはどれでしょう。 		時速	分速	秒速
---	---	---	---
チーターが走る速さ	113km		
空気を進む音の速さ			340m
光の進む速さ			| 4　問題②を解く。 　問　Cさん，Dさんの走る速さは，歩く速さの何倍でしょう。 |	時速	分速	秒速
---	---	---	---
○○さんの走る速さ			
○○さんの歩く速さ					3　○チーター，音，光の時速・分速・秒速を計算する。 　☆教科書練習問題から，興味をもちそうなデータを選んで用いる。 　☆換算をするときの計算式を手元に置いておく。 　☆電卓を使用させて，計算の間違いを防ぐ。 4　○歩く時間を計測して，歩く速さを計算する。 　☆50m巻き尺を提示して，計測する距離を連想させる。 　☆2人で役割分担をし，協力して計測させる。 　○走る速さと歩く速さを比較して，何倍かを求める。 　☆2つの速さを比較して何倍かを求める計算式は，ヒントカードとして提示する。
まとめ 10分	5　本時のまとめをする。 　問　速さは，単位をそろえれば比較することができる。 6　次時の学習内容について知る。 7　終わりのあいさつをする。	7　○本時の学習で学んだことを自分の言葉でまとめる。 　☆何がわかれば速さを比較することができたかを尋ねて，要点に気づかせる。

本時の評価

- ワークシートに書いた内容から評価する。
- 発表や行動観察から評価する。

○＝子ども，☆＝個別の配慮

A児	B児
個人目標 ・速さ比べを通して，「時速」，「分速」，「秒速」の換算の仕方に慣れる。 ・身近なデータを使って，速さを比べることができる。	**個人目標** ・速さ比べを通して，「時速」，「分速」，「秒速」の換算の仕方を理解する。 ・身近なデータを使って，速さを比べることができる。
2○本時の課題を理解する。 　☆板書を写すことに苦手意識をもっているので，ワークシートに課題を書いておいたり，穴埋め式にしたりして提示する。	2○本時の課題を理解する。 　☆板書を写すことに苦手意識をもっているので，ワークシートに課題を書いておいたり，穴埋め式にしたりして提示する。
3○チーターの時速をもとに，分速と秒速を電卓で計算する。 　☆ワークシートの一部は空欄のままにさせ，まとめのときの手がかりとする。 　☆ワークシートをすべて埋めようとする場合は，B児のワークシートを見せて，やり方を理解させる。 4○50mを歩いて時間を計測し，速さを求める。 　☆時速・分速・秒速のいずれで速さを求めるか尋ね，全部を求める必要があるか自分で判断させる。 　○50m走の記録をもとに走る速さを求める。 　☆自分の記録をもとにすることで，学習意欲が高まると想定した。 　☆自分の走る速さとチーターなどの速さとを比較し，同じ単位であれば比較が可能だということを理解させる。 　○走る速さは歩く速さの何倍かを求める。 　☆容易に計算できたことを称賛し，次の活動への意欲を高める。	3○どこから計算すればよいかを確かめ，チーターの分速と秒速を電卓で計算する。 　☆正しい答えが出たら評価し，間違っていたら，その都度確認してから次へと進ませる。 　☆ワークシートの一部は空欄のままにさせ，まとめのときの手がかりとする。 4○50mを歩いて時間を計測し，速さを求める。 　☆時速・分速・秒速のいずれで速さを求めるか尋ね，全部を求める必要があるか自分で判断させる。 　○50m走の記録をもとに走る速さを求める。 　☆自分の記録を求める学習に進んで取り組んだことを称賛する。 　☆自分の走る速さとチーターなどの速さとを比較し，同じ単位であれば比較が可能だということを理解させる。 　○走る速さは歩く速さの何倍かを求める。 　☆様々な計算式を用いて混乱することが予想されたので，ヒントカードを用意し，混乱を避ける。
5○まとめのシートにわかったことを記入する。 　☆速さを比較する上で，何が大切か尋ねて，自分の言葉でまとめさせる。	5○まとめのシートにわかったことを記入する。 　☆速さを比較する上で，何が大切か尋ねて，自分の言葉でまとめさせる。

自閉症・情緒障害特別支援学級

算数 数と計算 「速さ」（第2次第3時）

授業記録

教師	子ども

教師： チーターが走る速さと空気を進む音の速さと光の進む速さを比べるために，時速・分速・秒速を求めましょう。

A児： 分速を四捨五入して秒速を求めたので，誤差が生じた。間違いを指摘すると意欲が低下するので，教師の答えと比較させると間違いに気づいた。

B児： 電卓を使って，チーターの分速と秒速を求めた。空気を進む音の秒速が記入してあるので，チーターの速さと比較できないかを尋ねると，2つの秒速を比べればいいことに気づいた。

教師： 自分の歩く速さと走る速さを求めて，比較しましょう。

A児： 2つの速さを比較できれば，ワークシートは全部記入しなくてもよいことを伝えると，比較するのに必要なところだけを計算した。

A児： 歩く速さを計測するのに適切な距離がイメージできず，「1mだけか55mぐらい歩いてみよう」と発言した。50m巻き尺を見せると，「50mがいいね」と適切な距離をイメージすることができた。

発展問題
走る速さは歩く速さの何倍か求めましょう。

A児： 自分の記録を活用することで，学習意欲が高まると想定したが，B児と比較して自分の記録が遅いことにこだわり，なかなか学習に取り組めなかった。一生懸命に走って出した記録は貴重であると告げ，今日の学習は，他者と比較する必要がないことを伝えると，気持ちを切り替えて学習に取り組んだ。

B児： 「ぼくの速さがわかる！」と意欲的に取り組んだ。

A児： 「○倍だ」とすぐに計算できた。

B児： 速さを求める計算式と混乱したので，ヒントカードを提示すると正しく計算することができた。

💡 本時の展開の工夫

教科書の練習問題の中から，児童が興味をもてそうなデータを選んで教材とした。さらに，自分の50m走の記録を活用したり，50mを歩く時間を計測して速さを求めたりするなど，身近なデータを使って速さ比べができるように設定した。ワークシートには，それぞれ時速，分速，秒速を記入する欄を作ったが，一律に記入させないことで，空欄があっても単位を基準に比較することができることを理解できるようにした。

板書例

めあて

チーター，音，光の速さを求めて，比較する方法を考えよう。

問1　チーター，音，光の速さで，1番，2番に速いのはどれでしょう。

問2　Aさん，Bさんの走る速さは，歩く速さの何倍でしょう。

手順
1　50mを歩いて時間を計測する。
2　歩く速さを計算する。
3　50m走の記録から走る速さを計算する。
4　何倍か求めて比較する。

電卓OK

全部の欄を計算する必要があるかな？

まとめ

速さを比べるときは，単位をそろえる。

板書のポイント

- 学習の手順や考え方のポイントがわかるように明示しておいた。
- まとめの言葉は，児童の発言をできるだけ生かすようにした。

教材例

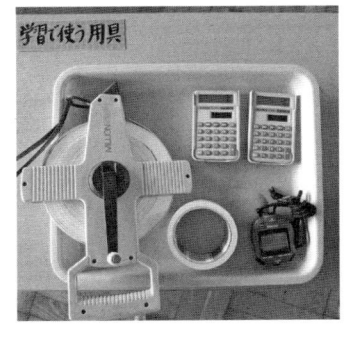

学習用具の準備

学習で使用する用具は，ひとまとめにしておく。
2人の机のすぐ後ろに置いて，立たなくても取れるようにしておく。学習で使う用具がわかっていると，学習方法を考える手がかりとなる。また，使い終わったらトレーに入れる約束をしておくと，用具で遊んでしまうことがなくなる。

デジタル教科書の使用

図形の単元は，デジタル教科書を使用して理解を促した。意欲を喚起し，図形の拡大，回転等に効果的であるが，ＰＣ操作のルールの遵守について事前に指導しておくことが必須である。（扱った単元－対称な図形・角柱と円柱の体積・拡大図と縮図・およその形と面積）

（藤田直子）

あとがきにかえて「特別支援学級で教科指導することの大切さ」

　特別支援学級（知的障害）における教科指導は，長い間，生活単元学習を中心に年間指導計画が作成され，生活に生きる国語，生活に生きる算数などの実践が多く続いていました。私自身も知的障害特別支援学級を担当していた時代は同様でした。

　平成14年頃から都内のいろいろな特別支援学級の授業を見て，授業改善のための助言をさせていただくようになりました。在籍している児童は，発達障害や知的障害の軽い児童が多くなっていましたが，実際に行われている授業では，教科指導が生活単元学習と関連したものだったり，プリント教材を繰り返し取り組ませたりしている授業が多く，児童の実態に応じた教科指導について改めて考え，整理していく時期がきていると感じるようになりました。

　そのような折に，平成24年に中央教育審議会より「共生社会の形成に向けたインクルーシブ教育システム構築のための特別支援教育の推進（報告）」という答申が示されました。その中に「学びの場の充実」「学びの連続性」という文言があり，私は目の前がパーッと開けた感じになりました。児童の実態に合わせて個に応じた指導方法を取り入れ，通常の学級と連続的な教科指導を進めていけばよいのだと考えたのです。連続的とは，発達段階に応じた指導であり，通常の学級と特別支援学級の指導方法や教材の共有であり，教員の専門性の融合であるととらえました。

　特別支援学級の児童にも確かな学力をしっかり身につけてほしいと思いました。そのために，児童の実態に応じて，例えば下学年の教科書や教材を活用し，一人一人の学び方，認知特性や行動特性に応じた教科指導を展開するように担任の先生方に助言しました。すると，子どもたちは，大変意欲的に学習に取り組み，大きな達成感を味わう姿が見られ，潜在的にもっている力をどんどん発揮し始めたのです。この経験をきっかけに，今求められる特別支援学級の教科（特に国語と算数）の授業づくりについて，本にまとめていきたいと思うようになりました。

　そのようなとき，明星大学教授の廣瀬由美子先生と明治図書の佐藤智恵様にお会いすることができました。廣瀬先生には，ご多用の中，特別支援学級における教育課程や授業の基本，知的障害や自閉症スペクトラムの障害特性についてきめ細かく教えていただき，この本の柱立てや構成についても親身なご指導をいただきました。佐藤様には，いろいろな調整をしていただき，その都度丁寧なご助言もいただき，本当に有り難く思いました。お二人には感謝の気持ちでいっぱいです。また，素晴らしい事例やコラムを書いていただいた執筆者の皆様，長年にわたり様々なご指導をいただいた諸先生方に対し，この場をお借りして心より厚く御礼申し上げます。

　まだまだ勉強不足の点が多いのですが，この本が初めて特別支援学級の担任になられた先生方や，通常の学級の授業づくりの際にも参考にしていただけると幸いです。

編著者　菅原　眞弓

【編著者紹介】

菅原　眞弓（すがわら　まゆみ）
東京都立川市立第七小学校

廣瀬　由美子（ひろせ　ゆみこ）
明星大学教育学部教授

【執筆者紹介】

山口　理絵	東京都日野市立日野第三小学校
酒井　麻未	東京都東久留米市立第三小学校
小島　久昌	東京都港区立港南小学校
松村　友子	東京都青梅市立第一小学校
増田謙太郎	東京都北区教育委員会
野坂　純司	東京都青梅市立若草小学校
海老原紀奈子	茨城県取手市立取手小学校
荒川　正敏	神奈川県横須賀市立船越小学校
藤田　直子	茨城県取手市立戸頭小学校
前田　真澄	東京都立町田の丘学園（特別支援学校）
宇賀神るり子	東京都調布市教育委員会巡回相談員

特別支援教育サポートBOOKS
指導計画が立てられる！
特別支援学級をはじめて担任する先生のための
〈国語・算数〉授業づくり

2015年10月初版第1刷刊　Ⓒ編著者　菅原　眞弓
2023年1月初版第11刷刊　　　　　廣瀬　由美子
　　　　　　　　　　　発行者　藤原　久雄
　　　　　　　　　　　発行所　明治図書出版株式会社
　　　　　　　　　　　　　　　http://www.meijitosho.co.jp
　　　　　　　　　　　（企画）佐藤智恵（校正）関沼幸枝
　　　　　　　　　　　〒114-0023　東京都北区滝野川7-46-1
　　　　　　　　　　　振替00160-5-151318　電話03(5907)6703
　　　　　　　　　　　ご注文窓口　電話03(5907)6668
＊検印省略　　　　　　組版所　株式会社明昌堂

本書の無断コピーは，著作権・出版権にふれます。ご注意ください。

Printed in Japan　　　　　　　　　　　ISBN978-4-18-192718-9
もれなくクーポンがもらえる！読者アンケートはこちらから→

発達障害のある子とUD(ユニバーサルデザイン)な授業づくり
学び方にはコツがある！ その子にあった学び方支援 【1813】

【A5判・2060円+税】　涌井　恵　編著

★学び方を学べば，得意を生かして効果バツグン！

ユニバーサルデザインな授業とはすべての子どもが「わかる」「できる」を目指し，一人ひとりの学び方の違いに応じて学び方を選べる授業です。色々な学び方…「マルチ知能」と「やる・き・ちゅ」（やる気・記憶・注意）を取り入れた支援ある授業を始めてみませんか？

もくじ
- 第1章　本書が目指している実践と大切にしていること
- 第2章　子どもが夢中で学べる！　マルチ知能＆"やる・き・ちゅ"とは
- 第3章　体験して学ぼう！　子どもと一緒に見つけるマルチ知能＆"やる・き・ちゅ"
- 第4章　マルチ知能＆"やる・き・ちゅ"で変わる！　子どもが夢中で学べる活動アイデア
- 第5章　学び方で子どもが変わる！　マルチ知能＆"やる・き・ちゅ"を活用した授業事例

こんなときどうする?! 友だちと仲よくすごすためのスキルアップワーク 【0525】

発達障害のある子へのSST（ソーシャルスキルトレーニング）

西岡有香　編／落合由香・石川聡美・竹林由佳　著

【A5判・2360円+税】

★発達障害の子どもへの"仲間づくり"応援BOOK！

友だちが失敗して負けた，仲間に入れてほしい，いやなことを言われた，など場面に応じて友だちと仲よくすごす方法を学ぶワーク集。神戸YMCAで実践を重ねたソーシャルスキル指導で，子どもに合わせた配慮や指導上の留意点を丁寧に解説，明日からの授業に生きる1冊。

もくじ
- 第1章　ソーシャルスキルを子どもに教えるには
- 第2章　ソーシャルスキルワーク＆指導と解説
ゲームで負けた／友だちが失敗して負けた／自分ばかりやって，交代しない／話したいことがあるのに，友だちはちがう話をしている／物をかりたい／「かして」と言われた／約束の時間に遅れた／うっかり人の物をこわしてしまった／いやなことを言われた／他全25ワーク

明治図書　　携帯からは明治図書MOBILEへ　書籍の検索，注文ができます。▶▶▶
http://www.meijitosho.co.jp　　＊併記4桁の図書番号（英数字）でHP，携帯での検索・注文が簡単に行えます。
〒114-0023　東京都北区滝野川7-46-1　ご注文窓口　TEL 03-5907-6668　FAX 050-3156-2790

＊価格はすべて本体価格表示です。

【改訂版】特別支援教育 基本用語100
解説とここが知りたい・聞きたいQ&A

1085・A5判・2100円+税

上野一彦・緒方明子・柘植雅義・松村茂治・小林　玄　編

特別支援教育からインクルーシブ教育の時代へ！
すべての教師が，広く深く理解するために，基本用語を教育だけでなく心理学，医学，福祉の関連領域まで広げ，用語を厳選するとともに，教師が日常的に接することの多い大切な質問を選びやさしく解説した。

そこが知りたい！大解説 インクルーシブ教育って？
合理的配慮って？共生社会って？Q&Aで早わかり

1267・A5判・2000円+税

木舩　憲幸　著

合理的配慮って？共生社会って？Q&Aで早わかり！

「合理的配慮をしなくちゃいけないというけれど，今までの支援とどう違うの？」「特別支援教育はこれからインクルーシブ教育というものになるの？」－近年の動向を整備された法令関係とあわせて，今教室で求められている支援について解説。先生の疑問に答える1冊です。

明治図書　携帯・スマートフォンからは　**明治図書 ONLINE へ**　書籍の検索、注文ができます。▶▶▶

http://www.meijitosho.co.jp
＊併記4桁の図書番号（英数字）でHP、携帯での検索・注文が簡単に行えます。

〒114-0023　東京都北区滝野川7-46-1　ご注文窓口　TEL 03-5907-6668　FAX 050-3156-2790

＊価格は全て本体価格表示です。

＜特別支援教育＞ 学びと育ちのサポートワーク

好評シリーズ

5 ソーシャルスキル「柔軟性」アップ編 1814
● 加藤　博之著　　　B5判・132ページ／本体2200円＋税

ソーシャルスキルの基本＆柔軟で即興的な対応力を身につけるワーク集。

＜内容＞　あいさつのことば／仲間を描こう／気持ちを考えよう／セリフを考えよう／こんなときどうする／自分のこと，友だちのこと／他全85ワーク

1 文字への準備・チャレンジ編 0874
● 加藤　博之著　　　B5判・120ページ／本体2060円＋税

文字学習開始期のためのレディネス・ワーク集。くわしい解説つき。

＜内容＞　線なぞり・点結び／迷路／ぬり絵／簡単な形の模写／絵画完成／形・絵のマッチング／仲間集め／文字を探す／他全86ワーク

2 かずへの準備・チャレンジ編 0875
● 加藤　博之著　　　B5判・118ページ／本体2060円＋税

かず学習開始期のためのレディネス・ワーク集。くわしい解説つき。

＜内容＞　線なぞり・点結び／迷路／ぬり絵／簡単な形の模写／絵画完成／形・絵のマッチング／仲間集め／文字を探す／他全86ワーク

3 国語「書く力，考える力」の基礎力アップ編 0876
● 加藤　博之著　　　B5判・132ページ／本体2200円＋税

国語学習の基礎的な書く力，考える力を育てるスモールステップな学習ワーク集。

＜内容＞　カタカナで書こう／どこかたりないね／しりとりを作ろう／ことばの仲間集め／文を完成させよう／反対ことば／他全85ワーク

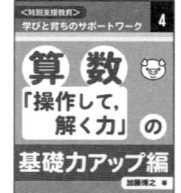

4 算数「操作して，解く力」の基礎力アップ編 0877
● 加藤　博之著　　　B5判・128ページ／本体2260円＋税

算数学習につまずきのある子のためのスモールステップな学習ワーク集。

＜内容＞　数の合成・分解／いろいろな文章題／絵をかいて考えよう／お金の計算／いろいろな数え方／形に慣れよう／線の長さ／他全85ワーク

明治図書　　携帯からは**明治図書MOBILE**へ　書籍の検索、注文ができます。
http://www.meijitosho.co.jp　＊併記4桁の図書番号（英数字）でHP、携帯での検索・注文が簡単に行えます。
〒114-0023　東京都北区滝野川7－46－1　ご注文窓口　TEL (03)5907－6668　FAX (050)3156－2790

＊価格はすべて本体価格表示です。